＼入居者が集まる／＼職員がイキイキ働く／

介護施設設計

長屋榮一
NAGAYA EIICHI

幻冬舎MC

入居者が集まる
職員がイキイキ働く
介護施設設計

はじめに

世界で最も高齢化が進行する国、日本。そのなかで、介護ビジネスは急速に成長し続けてきました。

実際に介護給付金の総費用は、介護保険がスタートした2000年には3・6兆円だったものが、2016年には10・4兆円へと3倍近く伸びています。さらに2025年には21兆円を超えると予想されており、年々市場が拡大していることが分かります。

しかし近年、介護分野は成長産業にもかかわらず、倒産する企業が後を絶ちません。東京商工リサーチの調査によると、2016年から2019年に倒産した介護事業者数は毎年100社を超えており、これは10年前と比べ3倍以上になります。

介護事業といえどもビジネスである以上、経営破綻の第一の理由は経営不振、簡単にいえば収益が上がらず事業継続の資金が枯渇してしまうことです。事業計画のミスや知名度や実績不足によって十分な売上が得られない状況が続けば、当然事業は成立しません。そして、それらに大きく関わるのが「人手」の問題です。

施設に入居する高齢者は十人十色。実際に介護の現場でその方々を相手にする介護職員の重要性は、何にも増して大きなものです。ところが、介護業界は一般的に３Ｋのイメージがあるため、慢性的な人手不足。２０１８年の日本全体の平均有効求人倍率が1・61倍だったのに対し、介護業界は３・90倍だったことからも、その深刻さは明らかです。

さらに、介護施設には法令で定められた最低人員配置基準があるため、必要な数の職員を確保できなければ、たとえ入居者の応募があったとしても営業することはできません。

つまり、介護ビジネスの人手不足は事業の成否に直結しかねない最重要課題なのです。

私は現在、医療・福祉を専門とする建築設計会社を営んでいます。これまでに700件以上のクリニック、介護施設の設計を行ってきました。また、別法人で、グループホームや小規模多機能ホーム、住宅型有料老人ホームなど9カ所15事業所に及ぶ介護施設も運営しています。さらに、日本と同様に高齢者介護が大きな社会問題となっている中国でも介護コンサルタント事業を展開しているところです。

このように介護施設の建設、運営、サポートに長年関わってきた経験を通して、何よりも強く感じてきたのは、「入居者と職員を確実に集めるためには、施設の設計に対する配慮が絶対条件になる」ということでした。

入居者が快適に過ごせるだけでなく、施設で働く職員の肉体的負担やストレスを最大限に軽減できる労働環境を、設計によって実現することが必要となるのです。

そのための工夫や試みとして「職員が入居者を視認しやすいようL字型の構造にする」「RC造ではなく木造にすることで疲労度を軽減する」「不快な臭いを逃すために自然な形で風が流れる空間設計を行う」など、私がこれまでに実践し、職員の確保・定着に大きな効果を上げてきたノウハウの数々を本書では余すところなく取り上げています。

また、それらの設計ノウハウに基づいて建設し、現在満床状態となっている施設の成功例も詳しく紹介しています。

写真や図面もふんだんに盛り込んだので、本書を読み終えたあとには、「入居者が集まり、職員がイキイキと働ける介護施設」のリアルなイメージを頭の中に思い浮かべていただけるはずです。


介護事業の成功のカギを握るのは、一にも二にも〝設計〟であることは間違いありません。とりわけ職員の目線で施設づくりを行うことは、人手不足に悩み苦しむ介護の世界で今後ますます重要になると確信しています。

これから介護事業を始める方たちに、本書を通じて施設設計の大切さを多少なりとも感じ取ってもらうことができれば、著者としてそれに勝る喜びはありません。

第1章

入居者が集まらない、職員がすぐやめる介護施設経営者の苦悩

第2章 入居者が集まる、職員がイキイキ働く！介護施設設計のポイント

PART 1 入居者・職員が安心できる環境デザイン 40

PART 5 住みやすく、働きやすい空間構成と各室の計画

第1章

入居者が集まらない、職員がすぐやめる介護施設経営者の苦悩

止まらない介護事業者の経営破綻

超高齢社会の日本で介護事業は手堅いビジネス。

十中八九、利益を得られるはずだ——。

そうした楽観的な展望を抱き、現在、介護ビジネスに新規参入することを検討している人は少なくありません。

しかし、介護事業は決して、誰もが確実に利益を上げられるビジネスではありません。それを証明するかのように、介護保険制度がスタートした2000年以降、毎年のように倒産する事業者がいます。

さらに、ここ数年、経営破綻する介護事業者の数は増加傾向にあります。

大手信用調査会社の東京商工リサーチによれば、「老人福祉・介護事業」の倒産件数は2016年から4年連続で100件台に達しており、2019年は過去最多だっ

老人福祉・介護事業の倒産件数　年次推移

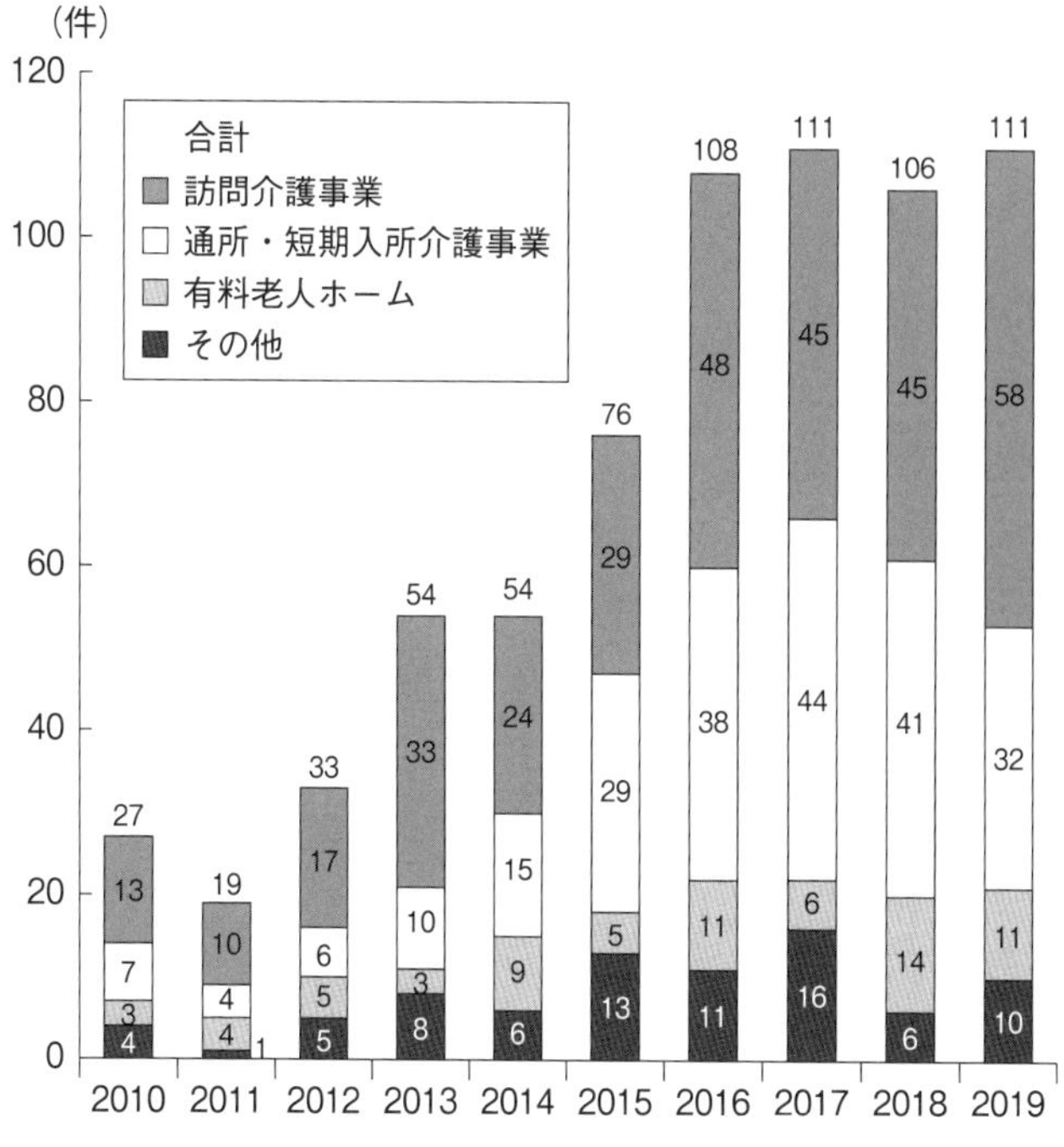

出典：東京商工リサーチ（2019）

た2017年の111件に並んでいます。

負債総額は161億6800万円と急増しており、前年ゼロだった負債10億円以上の大型倒産も3件発生しています。一方、負債1億円未満は91件であり、全体の8割を占めています。

一体なぜ、近年、このように破綻する介護事業者が数を増やしているのでしょうか。

介護施設が増え続けるなかで業者間の競争は激化している

まず第一に挙げられるのは、過当競争、すなわち介護業者間の〝競争の激化〟です。

20ページに挙げたのは、「高齢者向け住まい・施設の件数」の推移をまとめたグラフです。そこに示されているように認知症高齢者グループホーム、有料老人ホーム、介護老人福祉施設（特養）、サービス付き高齢者向け住宅などの介護施設は、これまで右肩上がりで増え続けてきました。

ことに参入しやすい有料老人ホームは手がける事業者が急増しており、平成25年から30年の間に5000件近くも増えているのです。

このように介護施設の数が増大するなかで、「介護施設はすでに充足している」という声もあります。

例えば、介護業界紙の「シルバー新報」（環境新聞社）は、2018年8月に「民間の有料老人ホームやサービス付き高齢者向け住宅を含む広い意味での『介護施設』は充足していると思いますか。まだ不足していると思いますか」という設問のもとでアンケート調査を実施しています。施設関係者や、ケアマネジャーを対象としたこの調査では、以下のような回答結果が得られています。

①充足している　47％
②まだ不足　4％
③安い費用で入れる施設が不足　41％
④サービスの質の心配がない施設が不足　25％

高齢者向け住まい・施設の件数

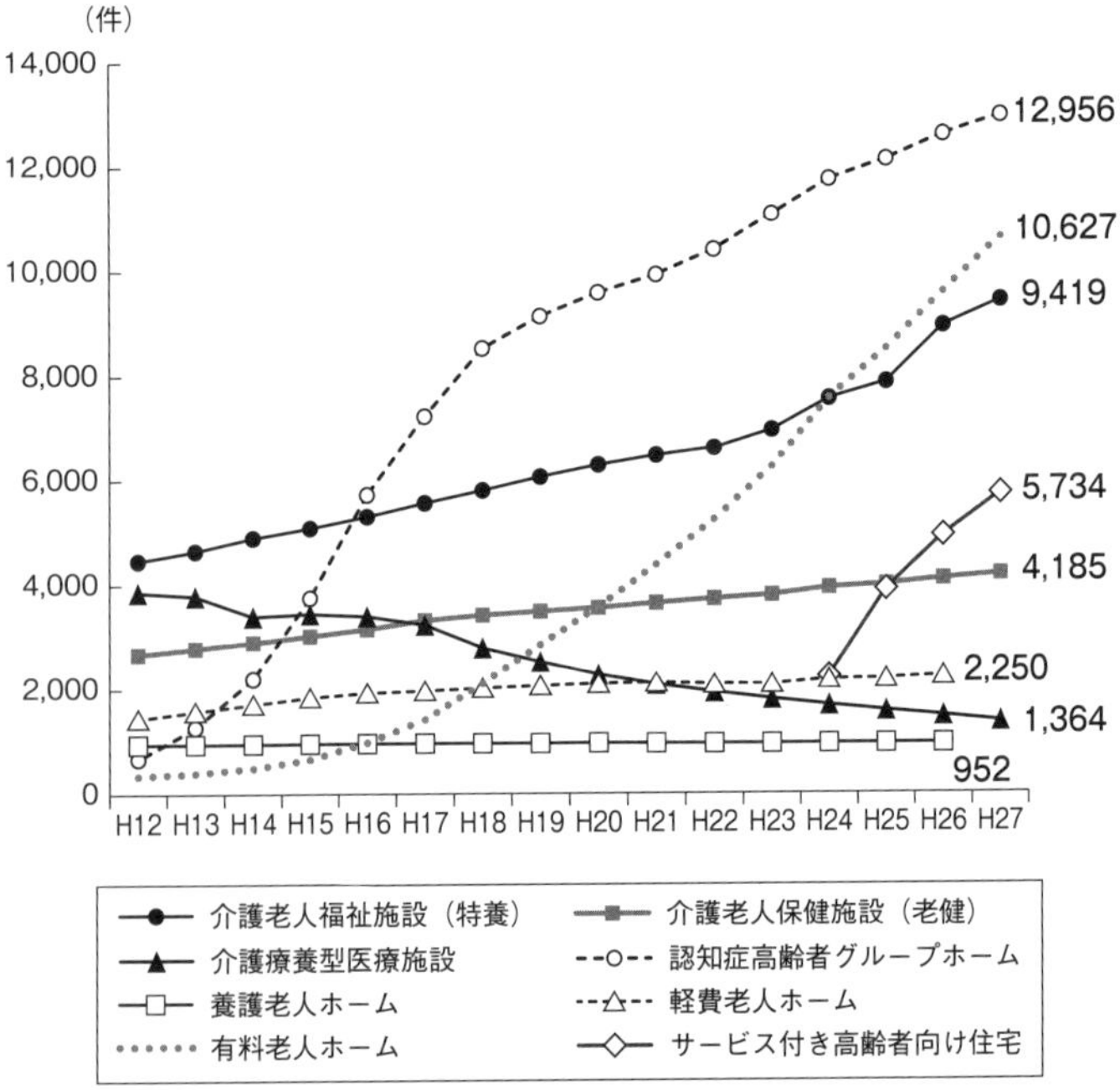

※1：介護保険3施設及び認知症高齢者グループホームは、「介護サービス施設・事業所調査（10/1時点）【H12・H13】」及び「介護給付費実態調査（10月審査分）【H14〜】」による。

※2：介護老人福祉施設は、介護福祉施設サービスと地域密着型介護福祉施設サービスの請求事業所を合算したもの。

※3：認知症高齢者グループホームは、H12〜H16は痴呆対応型共同生活介護、H17〜は認知症対応型共同生活介護により表示。

※4：養護老人ホーム・軽費老人ホームは、「社会福祉施設等調査（10/1時点）」による。ただし、H21〜H23は調査対象施設の数、H24〜H26は基本票に基づく数。

※5：有料老人ホームは、厚生労働省老健局の調査結果（7/1時点）による。

※6：サービス付き高齢者向け住宅は、「サービス付き高齢者向け住宅情報提供システム（9/30時点）」による。

出典：厚生労働省

⑤早めの住み替えのできる住まいが不足　3%
⑥その他　6%
（複数回答）

このように「充足している」と回答した人の数は4割に達しており、最多を占めているのです。一方、「まだ不足」と答えている人の割合は4%に過ぎません。

定員割れの状態に陥っている介護施設も珍しくない

こうした調査結果から、介護事業は飽和状態であることがうかがえます。

実際、地域によっては介護施設が乱立しているために、定員割れの状態に陥っているところも珍しくありません。

一例を示すと、埼玉県では埼玉県議会の2015（平成27）年12月定例会で福永信之議員（当時）によって、以下のように同県の介護付有料老人ホームのほとんどが定員割れとなっている事実が明らかにされています。

「介護施設が足りないと叫ばれますが、介護付有料老人ホームはどうでしょうか。他の自治体からの流入なども勘案して整備が認められてきましたが、ほとんどが定員割れです。県内に施設を展開なさっている会社に調べていただきました。本県の27年3月現在の開設済みの定員は1万8095人、これに対して同時点の県内の介護保険適用による利用者数は1万3345人、約74パーセントです。」（埼玉県のWebサイトより）

介護事業者の数がまだまだ少なかった時代には、高齢者やその家族は施設を選ぶ余地がほとんどなかったかもしれません。

しかし、業者間の競争が激しくなるなかで、利用者の選択肢は着実に広がっています。つまりは、「地元に介護施設がいくつかあるが、どれがいちばん良いだろうか」

などと見比べ、最も意に適うところを選べるようになっているわけです。

そして、利用者に選んでもらえないような施設は経営が苦しくなり、最悪の場合、破綻へと追い込まれているのです。

人手不足を感じている介護事業者は7割近くに達している

介護事業者の倒産が増加しているもう一つの大きな理由としては、「深刻な人手不足」が挙げられます。

目下、多くの介護施設が十分な介護スタッフを確保できない状況に陥っており、経営者の頭を悩ませています。

公益財団法人介護労働安定センターが令和元年に公表した「平成30年度　介護労働実態調査」によれば、介護サービスに従事する従業員の不足感を感じている事業者は7割近くに達していました。

増加する介護人材の不足感と不足理由

従業員の不足感の推移

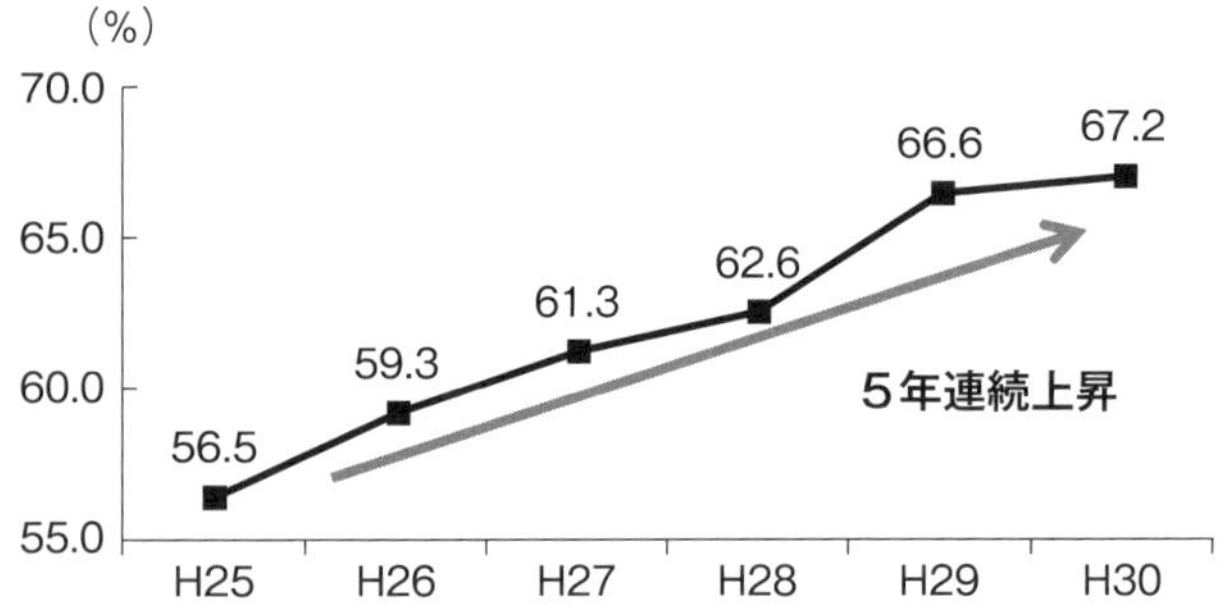

不足している理由（複数回答）

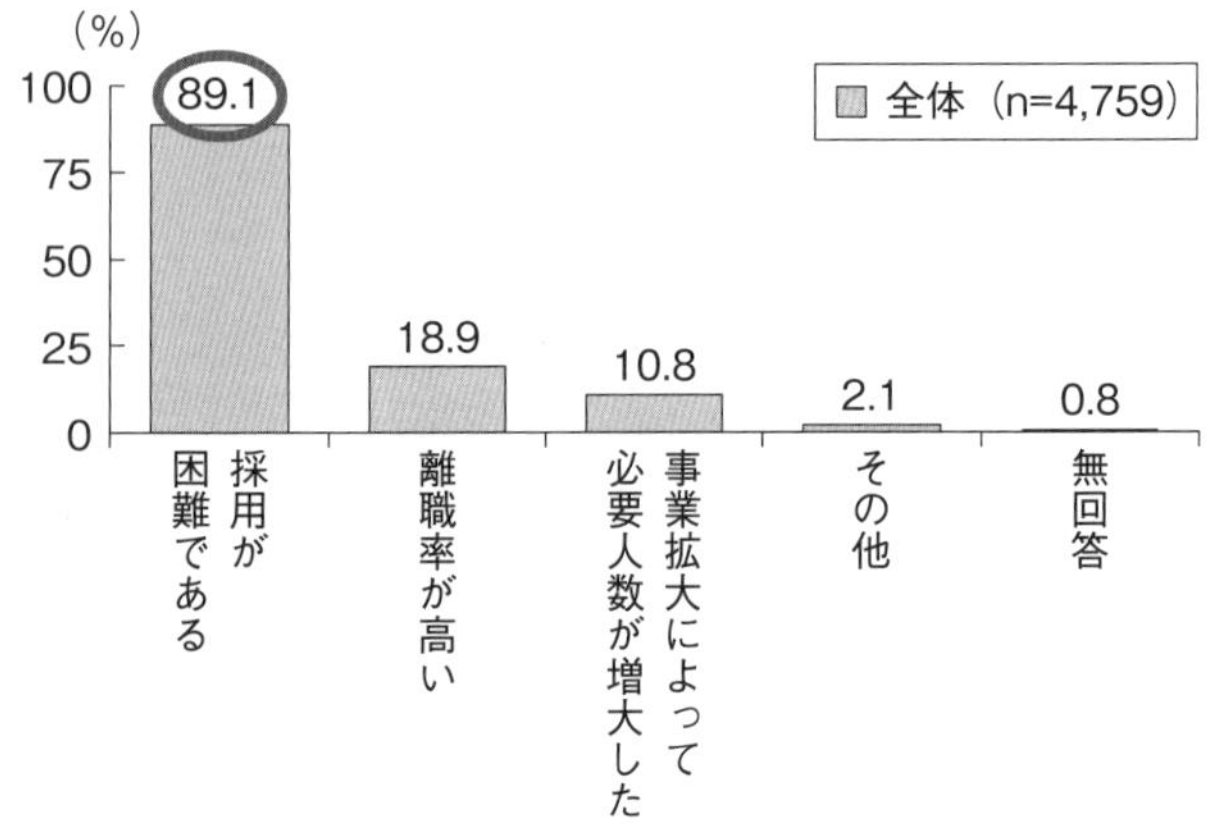

※「不足感」とは、介護サービスに従事する従業員の過不足状況において、「大いに不足」「不足」「やや不足」と回答した割合の合計値。
出典：公益財団法人 介護労働安定センター（2019）

同調査では不足している理由についてもアンケートが行われており、「採用が困難である」という回答が約9割を占めています。

ちなみに、採用が困難な理由としては「同業他社との人材獲得競争が厳しい」「他産業に比べて、労働条件等が良くない」「景気が良いため、介護業界へ人材が集まらない」などの回答が多く寄せられています。

3K仕事で給料が安いイメージがあるために介護職には人が集まらない

人手不足は、現在、介護業界全体が直面している最大の問題であることは疑いありません。介護職員を確保できないために、施設の運営を続けることが難しくなっている事業者は確実に増えています。そこで、その実情や原因などをより掘り下げて見ていきましょう。

前述のアンケート調査では介護事業が人手不足に陥っている理由として「採用が困

労働者の所定内賃金（平均額）

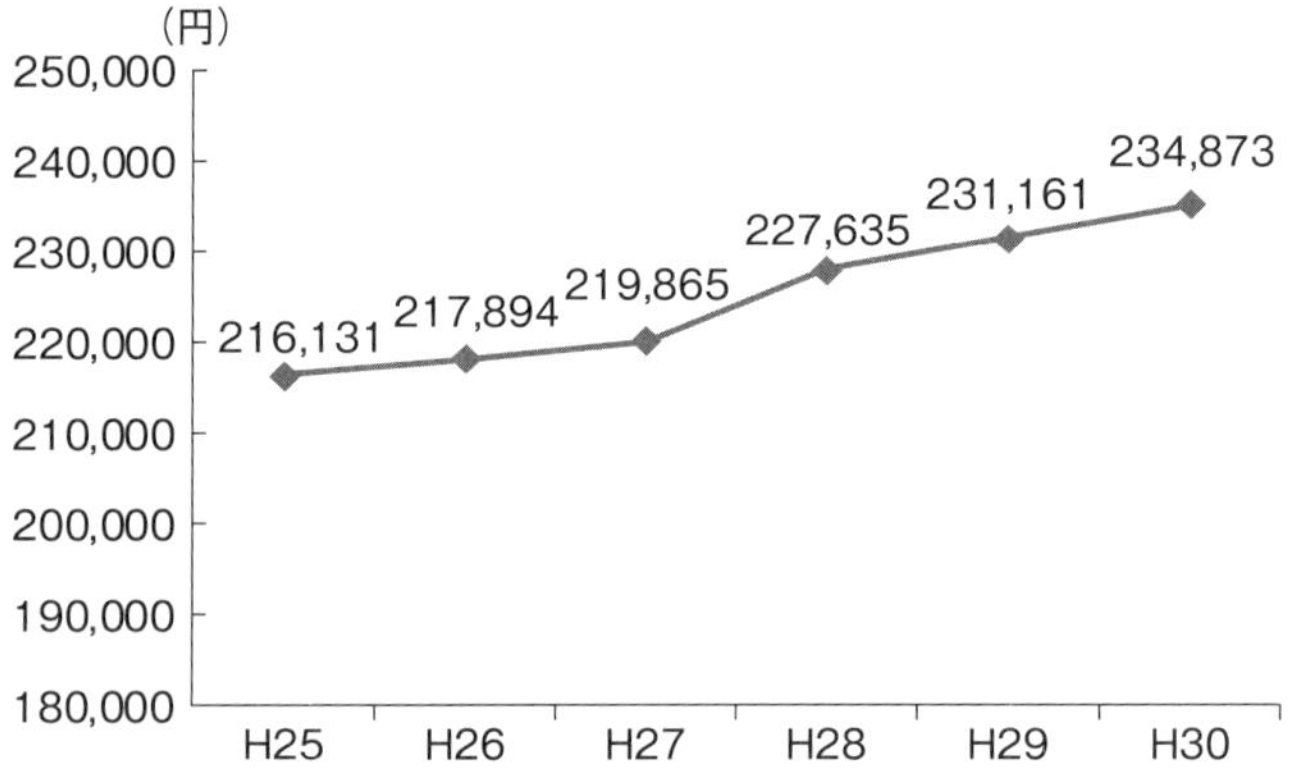

出典：公益財団法人 介護労働安定センター

難である」ことが、そしてさらにその理由として「他産業に比べて、労働条件等が良くない」ことが挙げられていました。

この労働条件が良くないとは、つまり、介護職が世間から3K仕事（きつい・汚い・危険な仕事）とみなされていることを意味しています。

また、そのように大変な仕事でありながら「給料が安い」というイメージがあることも、介護の仕事になかなか人が集まらない状況を生み出しています。

なお、給料に関しては、上のグラフに示されているように、介護労働者の所定内賃金は近年、増加傾向にあります。また、国もその改善策を模索しているところであり、最近も、介護福祉士の資格を持つリーダー級の職員を対象に月額平均8万円相当の処遇改善を実施する策などを打ち出しました。

職員の6割が勤続3年未満で退職してしまう

人材難の問題に関しては、採用が困難であることに加えて、職員の離職率が高いことも関わっています。

前述の「平成30年度　介護労働実態調査」では離職率に関するアンケートも行われています。それによれば、訪問介護員、介護職員の1年間の離職率は15・4%に達していました。

また、入所から1年未満の職員の離職率は38・0%、1年以上3年未満の離職率は26・2%となっています。

離職者の勤続年数の内訳

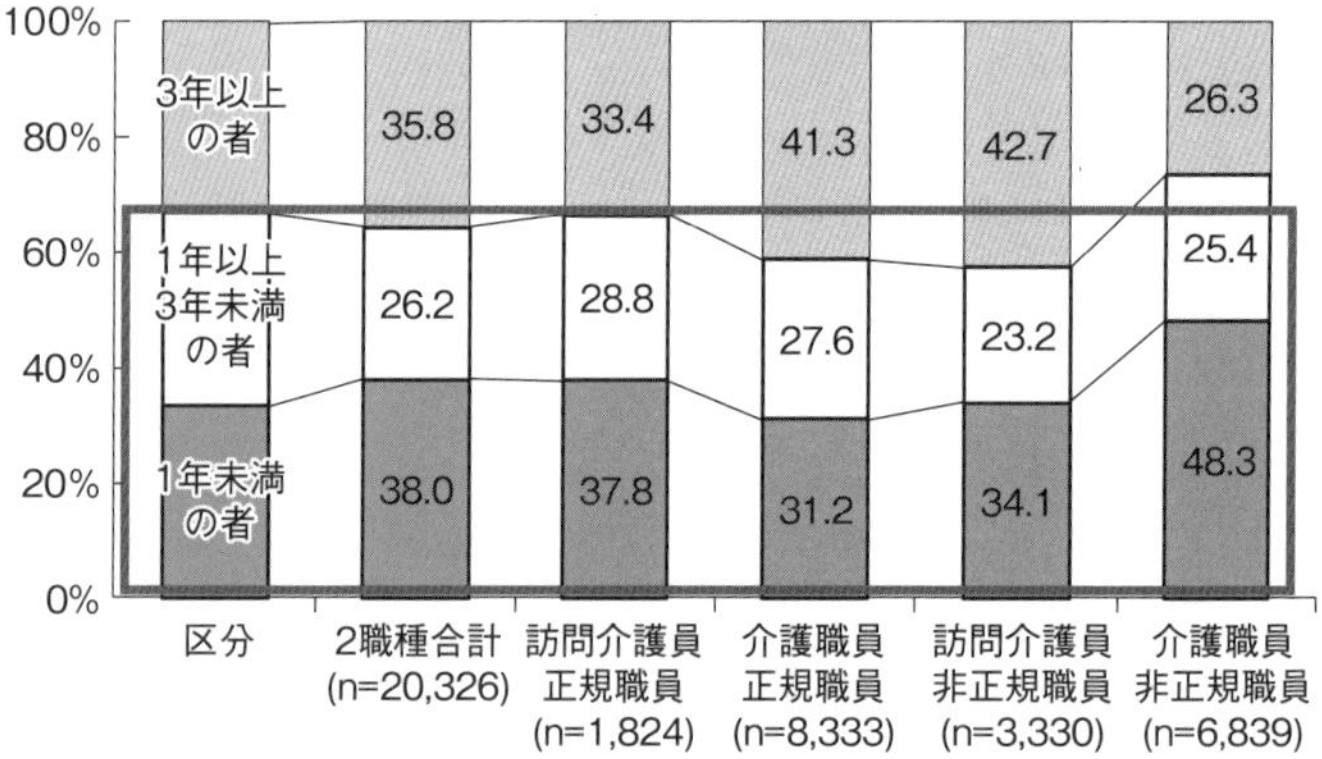

出典：公益財団法人 介護労働安定センター

つまり、職員の実に約6割が勤続3年未満で退職しているわけです。

このように介護の世界では、勤め始めても短期間でやめてしまう人が非常に多くいます。とりわけ、若い人にそうした傾向が強くみられます。介護の仕事では、職場における人間関係の構築が他の業種以上に求められますが、今の若者にはそうした努力を嫌う人が少なくないのです。

介護施設でも老老介護が当たり前

このように十分な人手を確保できない状況のなかで、多くの介護施設では高齢者が〝貴重な戦力〟として活躍しています。

「平成30年度　介護労働実態調査」によれば、65歳以上の介護労働者の割合は全体の1割を超えており、さらに60歳以上では全体の2割を超えています。

また、年齢割合でみると、40歳以上45歳未満、45歳以上50歳未満に次いで、65歳以上が3番目に多くなっています（次ページグラフ参照）。

実際、私の会社で運営している介護施設でも高齢の職員たちが元気に働いており、なかには70代の人もいます。60代などはまだまだ現役といった感じであり、夜勤の仕事も普通にこなしています。

今、家庭内で要介護者と介護者の双方が高齢者である現状がマスコミ等で社会問題

介護労働者の年齢割合、60歳以上の介護労働者の割合

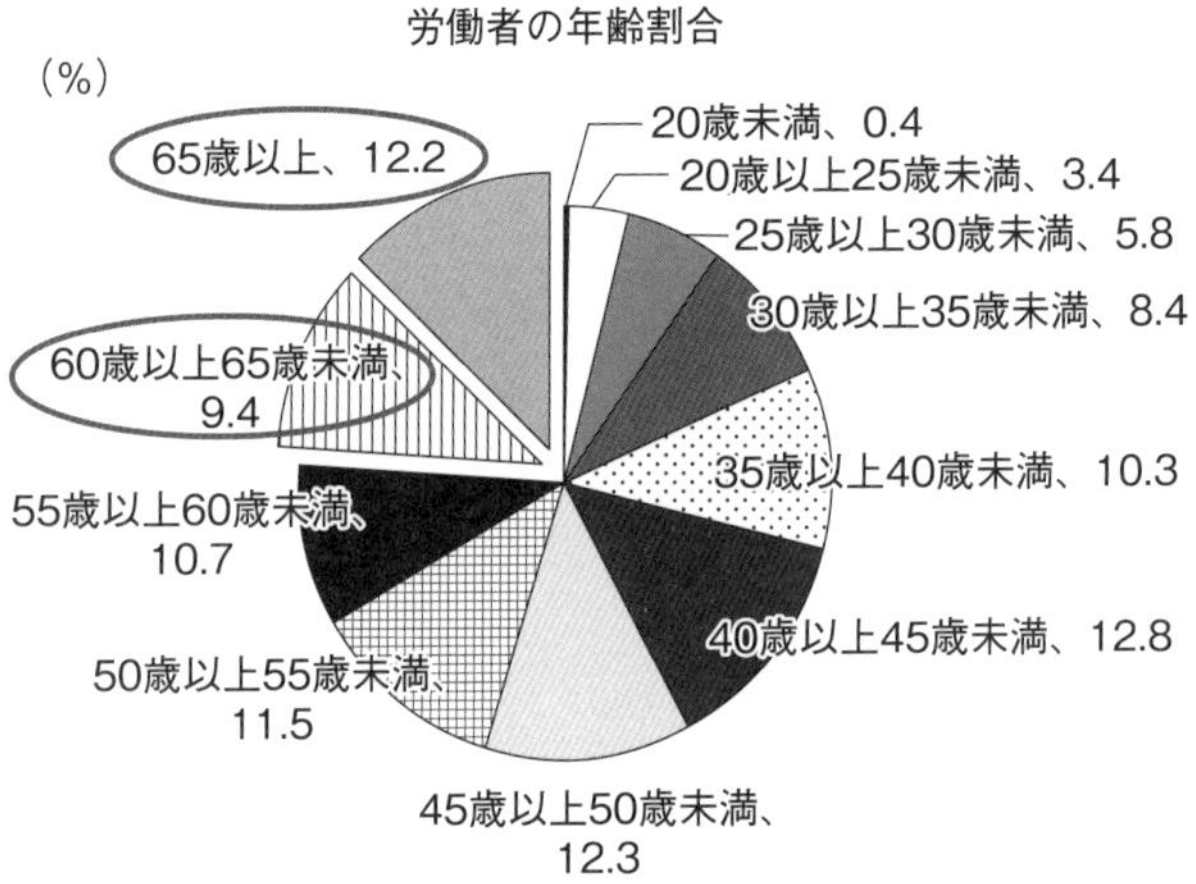

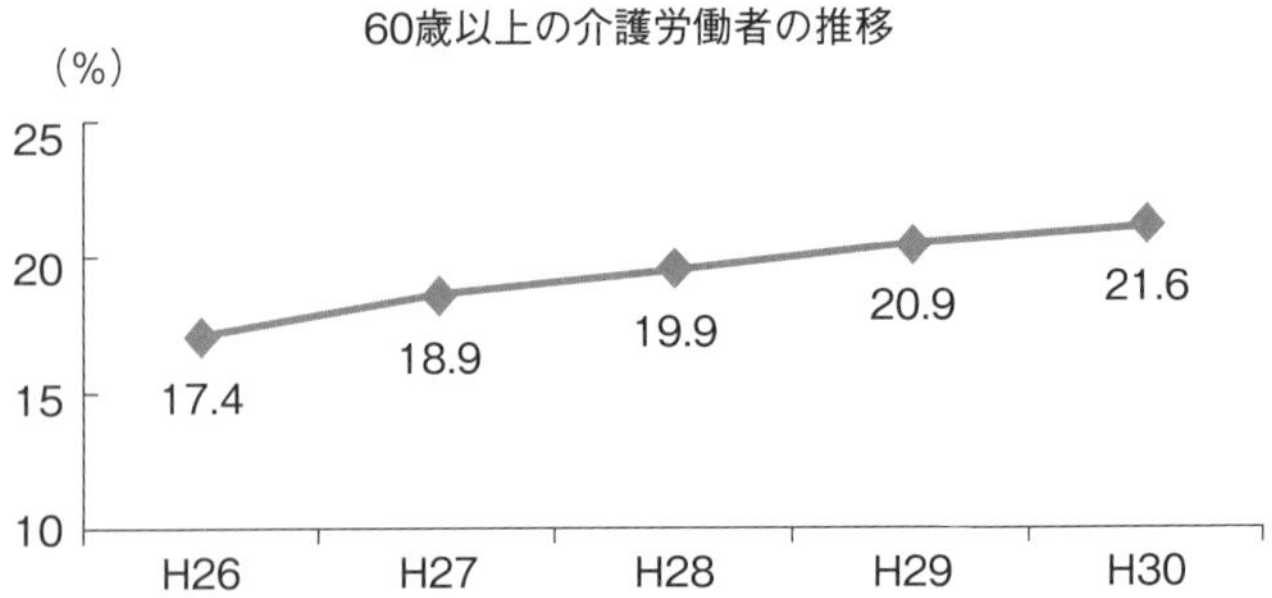

出典：公益財団法人 介護労働安定センター

として取りざたされていますが、介護施設でもそうした〝老老介護〟がもはや当たり前となっているのです。

外国人を雇わなければ介護事業はもはや成り立たない

また、高齢者と並んで介護現場の人手不足をカバーする存在として今や不可欠になっているのが外国人労働者です。

例えば、介護事業者が外国人を雇用する方法の一つとしてEPA（Economic Partnership Agreement　経済連携協定）があります。このEPAに基づく介護福祉士候補者の受入れは2008（平成20）年からスタートしました。次ページのグラフに示したように受入れ実数は年々増加しており、2018（平成30）年度までに過去808カ所の施設等で4302人が雇用されています。

私の介護施設でも、現在、中国やベトナムなどの国々から来た人たちが現場で即戦

EPAに基づく介護福祉士候補者の受入れ実人数の推移

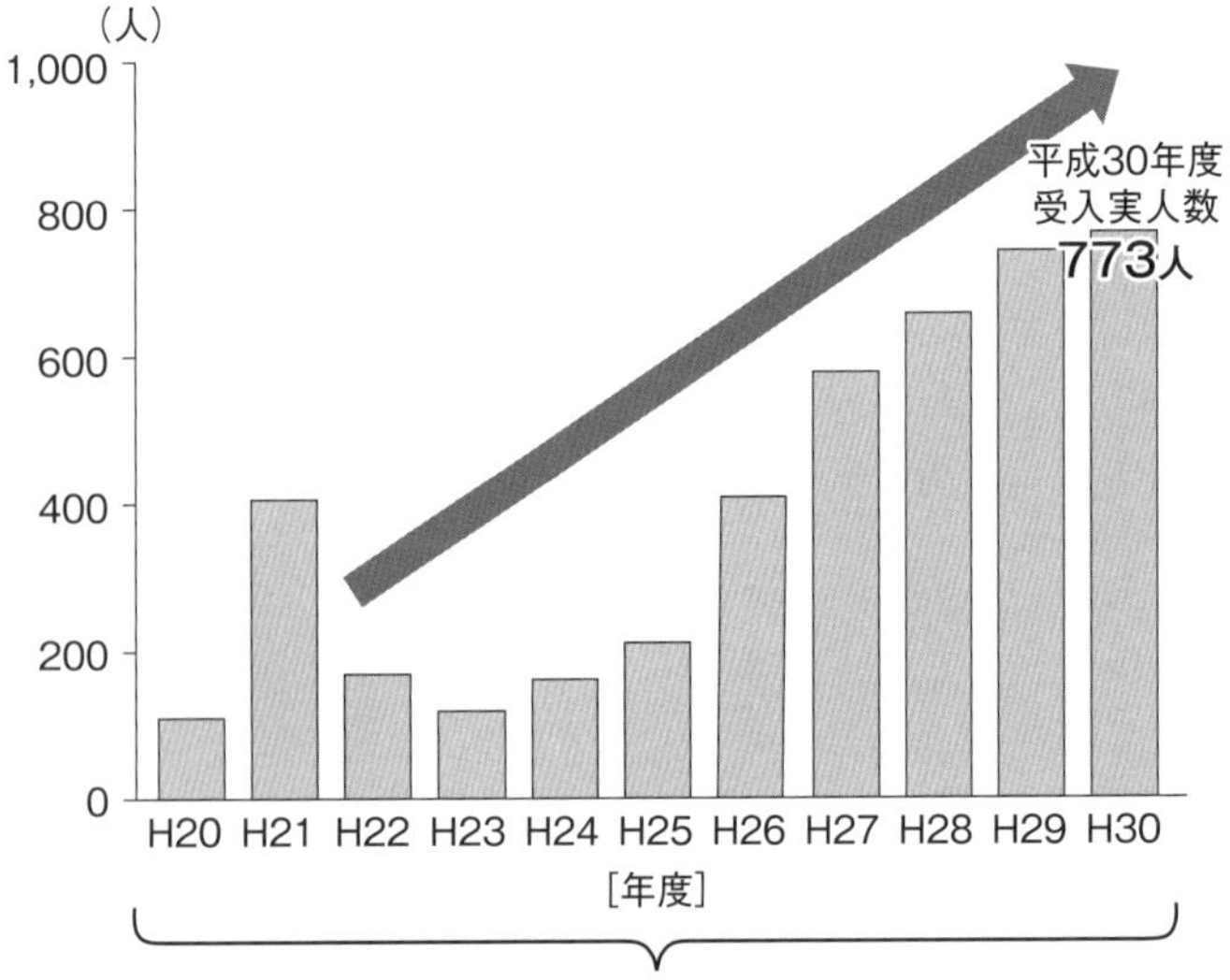

累計4,302人

過去808カ所の施設等で雇用実績あり

出典：厚生労働省

力として働いており、大いに助けられています。

国は2017年11月1日に外国人技能実習制度の対象職種に介護職種を追加するなど、外国人介護職員を今後さらに増やしていく方針を強めています。

このように、日本の介護事業は、外国人がいなければもはや成り立たない状況に陥っているといっても過言ではありません。

介護業界で生き残ることはますます難しくなる

過当競争に人手不足……これらの問題は、今後も介護事業者の経営を破綻させるおそれがあるリスク要因として十分に意識しておく必要があります。

とりわけ後者の問題については、日本の人口が減少し、ますます労働力が不足していくなかで、より深刻化することが避けられません。

これから介護事業を始めようとするのであれば、「競合との競争のなかで、どのように一人でも多くの利用者を集めるのか」「人手不足の状況のなかで、どうやってスタッフを確保するのか」をしっかりと考え十分な策を講じておかなければ、もはや生き残ることは困難なのです。

第2章

入居者が集まる、職員がイキイキ働く！介護施設設計のポイント

施設設計の工夫で利用者と職員は集まる

これから介護事業を始めるにあたっては、厳しい競争と深刻な人手不足のなかで利用者と職員を確実に集めるための対策を講じることが求められます。

例えば、入居者を集めるのであれば、「競合が行っていないような独自のサービスを提供する」ことがまず挙げられます。

また、職員を確保するためには、「給料や有給などの待遇を他の施設よりも良くする」などの方策が考えられます。

確かに、これらの取組みを行うことで一定の効果は上げられるかもしれません。

しかし、実はこうした個々の対策を行う前に考えておかなければならない、より本質的な問題があります。

それは、施設設計の問題です。

どんなにすばらしいサービスが提供されたとしても、日々の生活を送る施設が設計上の問題のために暮らしにくかったり、あるいは不快な環境だとしたら……利用者は「こんなところでは介護を受けたくない」と考えるでしょう。

また、給料がどんなに高くても、施設が働きにくい構造・デザインであるために、過度に疲れたり、ストレスがたまるようであれば、職員は「こんなところでは介護をしたくない」と思うはずです。

このように、サービス、待遇がどれほど優れていたとしても、ずさんな作りの施設に対しては、利用者もスタッフも強い拒否感を抱いてしまいます。

逆に、入居者が快適に過ごせるように、職員が気持ちよく働けるように、十分に考えられた設計の施設であれば、それだけで大きなアドバンテージになります。すなわち、利用者には「ここで介護してもらいたい」と、職員には「ここで介護をしたい」と思ってもらうことができるのです。

我が家のような空間づくりが求められている

このように介護ビジネスを成功させるためには、何よりもまず施設の作りに対して最大限の配慮を行わなければなりません。入居者が快適に過ごせるのはもちろん、職員が働きたいと思える施設を設計によって実現することが必要となるのです。

では、具体的にどのような施設を目指せばよいのでしょうか。

それは、一言でいえば「我が家」のように感じられる施設です。

一昔前は、「介護施設＝収容施設」というイメージでした。施設は介護を必要としている人たちを収容しておく場所であり、生活する場所とは考えられていなかったのです。

しかし、現在、介護施設は、要介護者があくまでも一人の人間として自然体で生活する場であると、つまりは「住まい」であるとみなされています。

そのように介護施設を住まいであると考えるのであれば、自分の家にいるのとまったく変わりないように日々を過ごせる環境を提供すること、そして最後には「ここなら終の棲家として申し分ない」という思いを抱いてもらえる施設を作ることが大切です。

また、そのように利用者が「我が家」「終の棲家」と感じられるような施設は、そこで働く職員にとっても理想的な介護を実現できる、やりがい、働きがいのある環境であるはずです。つまりは、「ここでいつまでも介護の仕事をしたい」と思ってもらえるはずです。

このように、「我が家」のように感じられる施設を設計によって実現することができれば、利用者も職員も十分に確保することが期待できるでしょう。

以下では、そのためにおさえておきたい施設設計上のポイントや注意点などについて詳しくみていきます。

利用者に我が家にいるのと変わらないような生活を送ってもらうためには、心の底から安全感・安心感を抱ける環境を整えることが必要になります。

また、そのように安全で不安のない環境はスタッフが憂いなく働くうえでも非常に重要になります。例えば、防災の設備が十分ではなく「万が一、火事があったときに利用者をスムーズに避難させることが難しいのではないか」と心配になるような施設では、日々の介護に身を入れることが難しくなってしまいます。

このように、利用者・スタッフ双方にとって安心できる環境を実現するためには、具体的に、どのような設計上の取組みを行うことが求められるのかをみていきましょう。

エスケープを防ぐ環境を整える

利用者に、できるだけ我が家にいるように施設を自由に動いてほしいのであれば、通路の扉等は自動扉にしておくことが適切です。

とはいえ、入居者が施設の外に抜け出てしまうエスケープに対しては最大限の注意を払わなければなりません。

特に帰宅願望が強い認知症の人は、自宅に戻ろうとして知らず知らずのうちに施設外へ出てしまうことがありますが、スタッフの数には限りがあるので、外に出ていかないよう、常に目を配り続けることには難しい面があります。

そこで、出入口とエレベーターに関してはエスケープを防ぐためにオートロックにしておくことも必要でしょう。

なお、暗証番号でロック解除を行う仕組みのドアの場合には、スタッフが番号ボタンを押したときに、その動作を入居者が覚えてしまう可能性があります。つまり、見よう見まねでロックを解除して出ていく危険があるのです。

それを防ぐためには、押しているボタンを見られないように気をつけたり、あるいは暗証番号を定期的に変えるなどの工夫も必要でしょう。

防災の基本は二方向避難

防災に関する設計上の配慮としては、まず二方向避難を確保することが基本となります。二方向避難とは、地上または避難階に通ずる避難経路を、二つ以上確保することにより、出火場所がどこであっても、少なくとも一つの経路を安全に利用して避難できるようにする仕組みです。

例えば、2階でいえば、通常の階段・エレベーターだけでなく、ベランダからも階段で下りられるようにしておくのです。実際、私の施設ではそのような形で二方向避難ができるようにしており、そのため、ベランダは、そこにテーブルを置いてお茶が飲める余裕があるほど広めに作っています。

また、避難経路として想定されている場所にあるドアは、いざというときにすぐに開けられるようにしておかなければなりませんが、一方で防犯のことを考えると平時はカギをかけておくことも必要です。このような防災と防犯のバランスをとる見地からは、避難経路上のドアにホテル錠を使うことを検討してみるとよいかもしれません。ホテル錠とは、建物の外からはカギがないと開けられない錠前です（中からはカギがなくても開けられます）。

もう一つ、火災などの緊急時を想定した対策手段としては、パニックドアも有効な選択肢になります。パニックドアは自動扉が故障して開かなくなるような事態を避けるため、自動火災報知器と連動してドアのロックが一斉に解除される仕組みとなっています。

設計面の配慮に加えて避難訓練の取組みも大切になる

なお、防災に関しては、こうした設計面の配慮だけにとどまらず、日ごろの避難訓練の取組みも大切です。

消防法等の規定では1年に2回以上行うことになっていますが、その程度の回数では、「あれ、どこが避難口だったろうか」などと健常者でも避難の仕方を忘れてしまいます。まして、認知症の人はなおさら覚えておくことは難しいでしょう。

ちなみに、私の施設では実際に毎月1回避難訓練を行っています。そのため、消防署の立会いで実施される消防訓練の際には、「こんなに早く避難できるのですか!」と消防署の人に驚かれるほど、皆スムーズに避難行動をとることができます。

特に介護施設の火災は大惨事につながりかねないので、避難訓練を含めた防災体制の整備には万全を期すべきです。その際、次ページに挙げたような緊急時・緊急災害

緊急時・緊急災害時マップ

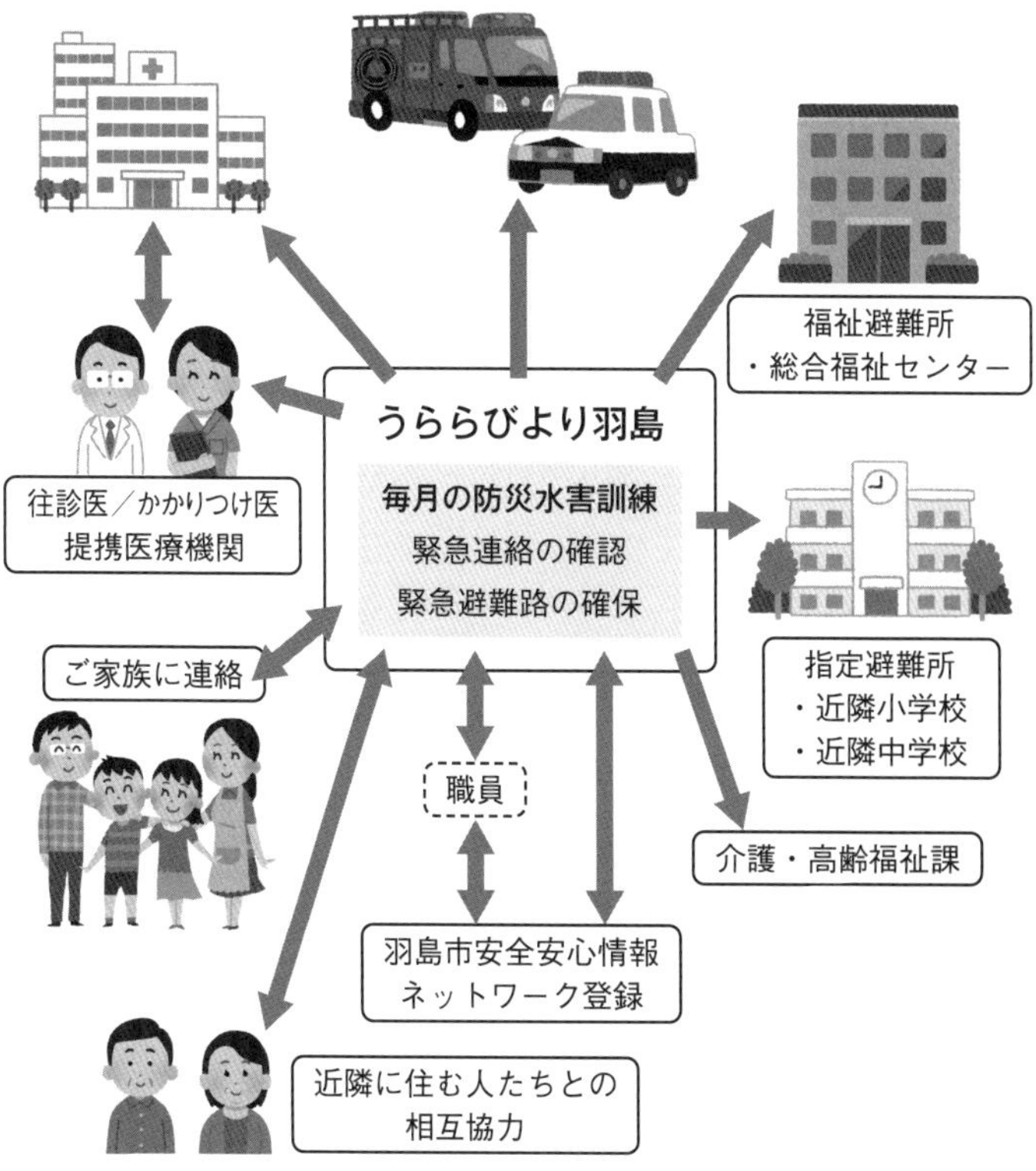

※豪雨、津波、地震など災害の種類によって安全な避難場所は異なる

時マップを用意しておくことも有効でしょう。

転倒を防止するために床材を吟味する

また、安全対策としては、転倒防止も非常に重要です。転倒して足腰が不自由になると、利用者のＱＯＬ（生活の質）は一気に悪化してしまいます。

それを防ぐためには、何よりも床材を十分に吟味することが必要となります。

具体的には、足が滑ったり、つま先が引っかかったりすることを最大限に避けられる素材を選ばなければなりません。

また、万が一、転んでしまった場合にも、転倒時の衝撃を最大限に吸収できるよう、できるだけ柔らかい素材のものを選択することも必要です。

もう一つ付け加えると、メンテナンスのしやすい床材を、具体的には目地がないものを推奨します。目地があると、その中に小水などの汚れが入りこんでしまい、臭いの発生源になってしまうからです。

一方向に空気の流れをつくって臭いを排除する

「狭い」「息苦しい」「うるさい」「暗い」「くさい」等は人間誰しも不快と感じるはずです。

まして、介護が必要な状況にある人たちにとっては、こうした不快な刺激の数々を自分では取り除くことが難しいだけに、よりいっそう厭わしく感じられます。

またスタッフが気分良く働くためにも、不快に感じられる要素は最大限に排除することが望ましいのはいうまでもありません。

とりわけ、意を注ぐべきは「臭い」の排除でしょう。おそらく、介護施設を訪れたときにいちばん気になるのは何かと尋ねられたら、多くの人が臭いを挙げるはずです。

この「臭い」対策に関しては、先にも触れたように適切な床材を選んだり、使用済みおむつなど臭いの源となるものをこまめに処理するなどの手段も有効ですが、最も効果の大きい方法は、施設内の空気の流れをコントロールして臭いがこもらないようにすることです。

具体的には失禁や嘔吐などが原因となって生じた臭いを発生場所に滞留させず、一方向に空気の流れをつくって外に追い出してしまうのです。

こうすれば、発生した臭いは空気とともに消えてなくなるので、まったく気にならなくなります。

風と光を取り入れて快適な環境をつくる

このような空気の流れをつくるためには、風の通り道を考えて窓の配置を工夫することが必要になります。また、外から空気を取り入れる手段としては、機械的な方法、具体的には24時間換気システムを導入することのほかに、建物に「軒」を作って影をつくることで、空気の温度差を人為的につくり出し、空気の対流(風)をつくるという方法もあります。

深い軒を出すことで、地表には影ができます。この影がかかった場所の空気は、日の光が当たっているところの空気よりも、温度が低くなっています。この温度差によって対流が起こり、風が生じるのです。

周りには風がないような日であっても、このように軒が深ければ風を起こすことができるわけです。そして、窓を開けていれば、風はおのずと施設の中に流れてきます。

ちなみに風を意識して建物の中に取り入れる工夫は中東などの国々にも見られます。例えば、イランでは自然換気のため「風の塔(バードギール)」と呼ばれる施設を通じて、上空の冷たい風が住居に取りこまれる仕組みが設けられています。

また、西洋の石造建築に使われる間口の縦デザインに対して、日本などの軒の深さで影ができ、水平ラインを強調する日本建築の横のデザインとは対峙され〝影のデザイン〟と呼ばれており、欧米の建築家からも高く評価されています。軒は機能面だけでなく、審美的な面でも優れた役割を担っているのです。

軒の図

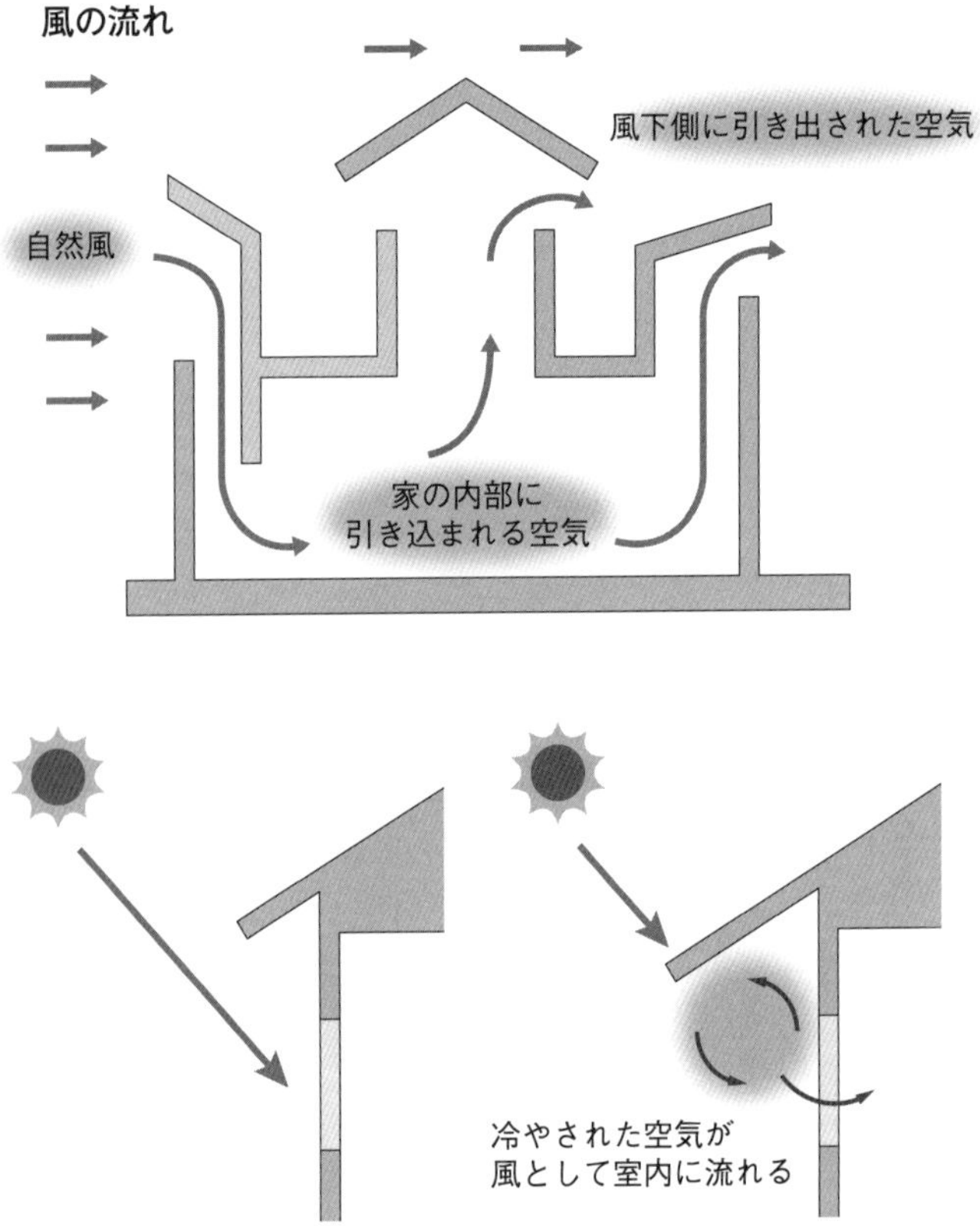

風の流れ
風下側に引き出された空気
自然風
家の内部に
引き込まれる空気
冷やされた空気が
風として室内に流れる

なお、風と同様に、室内に取りこみ快適な環境を生み出すうえで役立つ自然の要素としては光も挙げられます。

光は、明るさと開放感をもたらしてくれます。光とある程度の広さがあれば、「狭い」「息苦しい」という不快な環境を免れることができます。

光を取り入れる具体的な方法としては、中庭や光庭などの設置が考えられます。これらについてはのちほど詳しく説明しましょう。

事務所の位置を工夫して不審者の侵入を防ぐ

安全対策としては、防犯上の備えも必要になります。

先に触れたホテル錠は防犯対策の一つとして有益ですが、さらに事務所の位置を工夫することでも不審者の侵入を防ぐことが可能となります。

例えば、事務所を出入口のすぐ横に置けば、不審者が入ってきたときでもそこで作

事務所の位置図

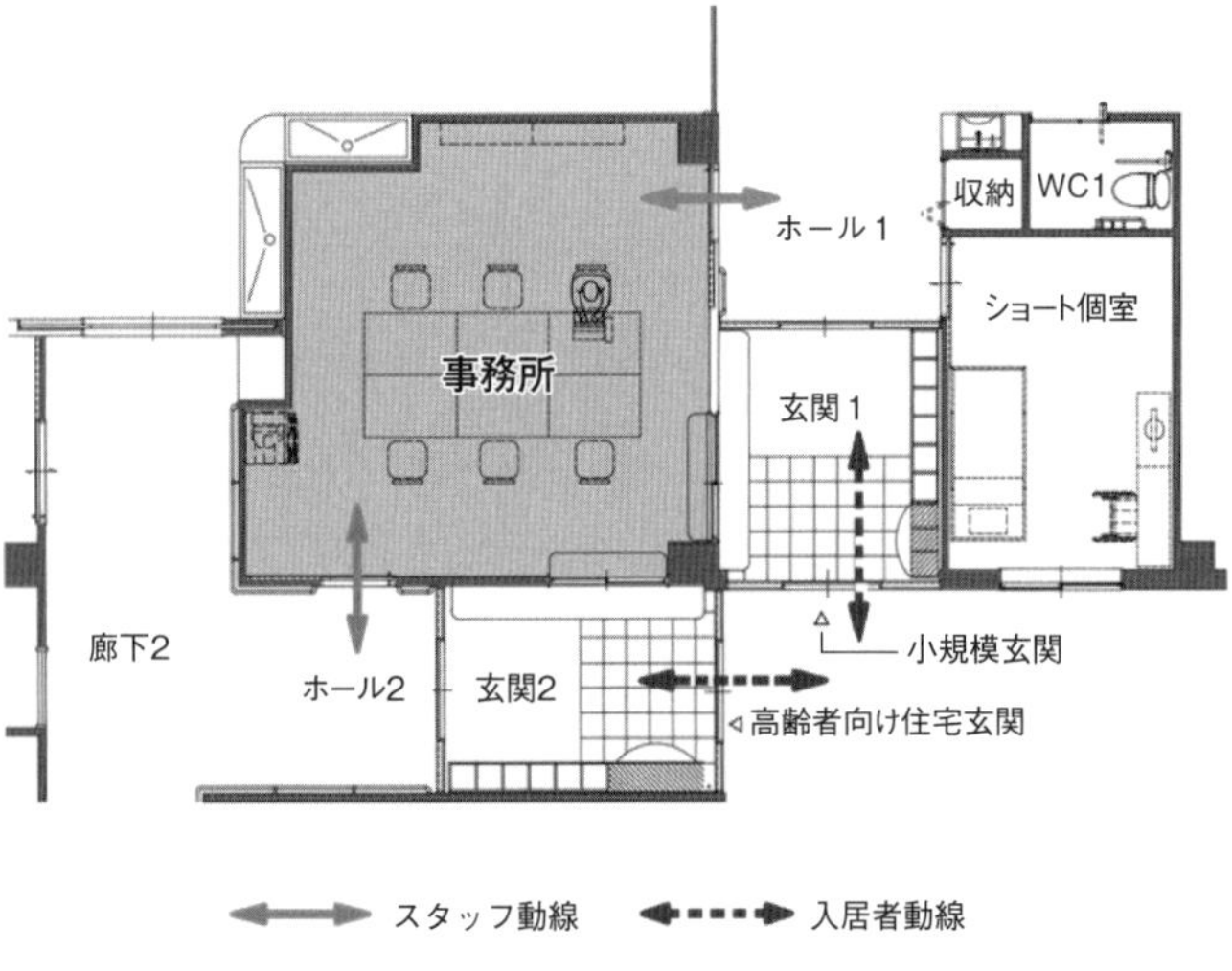

出入口のそばに事務所があれば
不審者が入ってきてもすぐに気づくことができる

業をしている人がすぐに気づくことができるのです。

また、不審者ではない来館者、例えば利用者の家族などの来館時にもスムーズに対応できるメリットもあります。

なお、出入口の近くに事務所を設けた場合、スタッフ管理の面でも利点があります。すなわち、出退勤の際には必ず事務所を通るような形にすることで、スタッフの様子を確認することが可能となります。例えば「顔色が良くないが、体調が悪いのだろうか」「最近、様子が暗いが何か悩み事でも抱えているのだろうか」などと、管理職の立場にいる者が一人ひとりの異常に気づき、適切な対応を迅速にとることが期待できるでしょう。

意図的に死角をつくる設計デザインはNG

施設設計を行ううえでは利用者のプライバシーへの配慮も大切になります。

まず、プライバシー確保の観点から、居室は一人利用の個室が原則となります（例外的に、夫婦の入居者などプライバシーの確保に支障が生じない間柄の者同士であるような場合には、二人利用の居室とする場合もあります）。

また、リビング等の共用スペースでも、一人でいられる場所を設けるなどプライバシーを尊重する設計が求められます。ただ、その際には「死角をなくす」ことを忘れないようにしましょう。具体的には、寄り添い見守るという形で十分に目の行き届く、見通しがきくプランづくりが必要になります。

なお、近時の傾向として、共用スペースにおいて意図的に死角をつくる設計デザインも現れています。

「人目に触れないので利用者が落ち着きを感じられる」などの理由が挙げられていますが、死角となっている場所で万が一転倒などの事故が起こったら、発見が遅れてとりかえしのつかないことになりかねません。

そうした重大なリスクを考えると、やはりスタッフの目がまったく届かないような空間をあえてつくるべきではないのです。

自立を助けるための機能

施設設計では、安全・安心に配慮しながら、一人ひとりの「できること」「分かること」を活かして、できるだけ自立した生活を送れるような環境づくりを行うことが求められることになります。

そうした観点から、廊下、居室、トイレ、リビングなどに、適切な形で手すりを取り付けることが必要になりますが、その際には、「具体的にどのような場所に付けるのが望ましいのか」について現場の意見を聞くことが大切になります。

手すりが不適切な場所にあると利用者の自立支援につながりませんし、スタッフが補助するときの負担も重たくなってしまいます。逆に、例えば現場からの「Aだけでなく、Bにも手すりがあったほうがよい」などの意見を取り入れることによって、利用者がよりスムーズに階段を上り下りできるようになるなどの効果が期待できます。

そしてそれは、スタッフの介護負担度の軽減にもつながるでしょう（このように現場サイドの意見を聞くことは、手すりの取り付けに限らず浴室やトイレをどのような形にするのか、どのような備品を用意するのかなど、施設づくり全般について積極的に行うべきです）。

また、調理台、トイレ等の高さは通常よりやや低くして利用者が使いやすくすることや、トイレ等の場所を示す館内表示も、視認しやすいよう文字をできるだけ大きくするなど分かりやすくすることが必要です。

生活の継続性を支援する

居室あるいは泊まりの部屋の環境を整える際には、何よりも本人が居心地良く過ごせるような工夫を行うことが必要です。

特に、居室に関しては、「生活の継続性」を支援する視点を持つことが、つまりはそれまで過ごしてきたところと同様の思いをもって暮らせる環境づくりが大切になります。

具体的には、家族の写真を飾ったり、家で使い慣れたたんすや鏡台などの家具類や、仏壇等、在宅時に使用していたなじみのものを持ち込むなど、個々の入居者の意向や要望にあわせた居室づくりを行うことが求められます。

例えば、認知症の人のなかには、人形や動物のぬいぐるみなどを大事にする人もいます。そうしたものに対する思いを尊重し、丁重に取り扱う態度・姿勢が必要になります。

こうした取組みを行うことによって、リロケーションダメージ（生活環境の変化がもたらすストレスや不安が認知症等の症状を悪化させること）を防ぐ、もしくは最小限にすることが期待できます。

また、家族・友人等とのつながりを保つために、家族等に本人が自ら電話をしたり、手紙のやりとりができるように支援することも必要でしょう。暑中見舞いや年賀はがきを書くことをサポートしたり、電話をかけたいときには事務所でかけられるようにするなどといった対応が考えられます。

なお、リロケーションダメージに関しては、意外な盲点もあるので注意を促しておきたいと思います。洗面器に手を差し出すと水が自動で出てきたり、部屋の明かりが自動で消灯するなど、最近の介護施設では最新設備が整えられているところが増えています。しかし、このように住み心地、使い心地が良くなり過ぎたために、かえって認知症の症状が進んでしまうこともあります。

入居者に良かれと思ってすべてを便利にすることも、もしかしたら考えものなのかもしれません。このことは、今後の施設づくりで検討すべき課題の一つといえるでしょう。

ふれあいを促進する

利用者が施設で安心して生活を送れるようにするためには、孤独感を抱かせないことも大切になります。

施設の中で孤独でいることはストレスや不安につながります。そこで、居住者ができるだけ多くの人と触れ合えるような環境を整えることが求められます。

まず、利用者相互のコミュニケーションを促すために、リビングなどの共用空間にソファを配置するなどして、気軽に会話などを楽しめるようなスペースをつくることが考えられます。例えば、私の施設の中には、共用スペースに畳の小上がりを設けているところもあり、そこで利用者が囲碁や将棋などをしながらくつろいだりしています。

さらに、地域住民など外部の人たちとの交流を促せるような場を設けてみてもよいでしょう。例えば、敷地の中にベンチを置いたり、あるいは縁側などを設けたりして、通りすがりの人たちが散歩の途中などに休めるようにするのです。

そうした外部の人にも近づきやすい空間をつくることによって、利用者と地域住民らが自然とやりとりをするような好ましい関係が生まれることが期待できるかもしれません。

PART 2 介護施設の種類

介護施設にはさまざまなタイプがあり、またどのような場所に建てるのかによって考慮すべきポイントや注意点なども変わってきます。介護施設の基本的な種類や都市部と郊外に建てた場合の敷地面積の違いなどについておさえておきましょう。

介護施設や高齢者向け施設の主な種類

現在、一般に運用されている主なタイプとしては、以下の11種類を挙げることができます。

①有料老人ホーム(介護付・住宅型を含む)
②小規模多機能型居宅介護(小規模多機能ホーム)
③認知症高齢者グループホーム(グループホーム)
④サービス付き高齢者向け住宅
⑤特別養護老人ホーム
⑥地域密着型特定施設入居者生活介護(ミニ特養)
⑦介護老人保健施設
⑧介護医療院(介護療養型医療施設)
⑨シニア向け分譲マンション
⑩軽費老人ホーム/ケアハウス
⑪デイサービス

これらのなかには、公募の仕組みが取られているなどの理由から容易には事業参入できないものであったり、規模や運営の仕組みが複雑であったりします。また、介護保険の改定で経営が難しいものもあり、事業の始めやすさから考えて、現実的な選択肢となり得るのは、①有料老人ホーム、②小規模多機能ホーム、③グループホーム、④サービス付き高齢者向け住宅の4つに絞られます。

そこで、以下ではこの4つの施設の中身についてみていきましょう（その他の施設の概要については、次ページの表にまとめておきましたのでご参照ください）。

(1) 有料老人ホーム

有料老人ホームは、老人福祉法に基づき、老人を入居させ、入浴・排泄もしくは食事の介助、食事の提供、洗濯・掃除等の家事の供与、健康管理のいずれかのサービスを提供する施設です。

以下のように、①住宅型有料老人ホーム、②介護付有料老人ホーム、③健康型有料老人ホームの3種類があります。

他の各施設の説明表

特別養護老人ホーム	身体上または精神上著しい障害があるために常時の介護を必要とし、自宅で介護を受けることが困難な65歳以上の人を入所させて、入浴、排泄、食事等の介護、相談および援助、社会生活上のサービスの供与その他の日常生活上の世話、機能訓練、健康管理および療養上の世話を行う
ミニ特養	定員が29人以下の特別養護老人ホーム
介護老人保健施設	入院治療をする必要はないが、看護・介護を必要とする人に対してリハビリテーションなどの医療サービスを提供する
介護医療院 (介護療養型医療施設)	長期療養が必要な要介護者を対象に、施設サービス計画(ケアプラン)に基づき、療養上の管理、看護、医学的管理のもとで介護、機能訓練、その他必要な医療、日常生活上の世話を行う
シニア向け分譲マンション	高齢者の生活に配慮した設備を備えたバリアフリー仕様の分譲マンション
軽費老人ホーム/ ケアハウス	家族によるサポートを受けることができない高齢者等を入所させ、無料または低額な料金で食事サービスや日常生活上の必要なサービスを提供し、安心して暮らせるように支援する

①住宅型有料老人ホーム

介護が必要になった場合でも、訪問介護等のサービスを利用しながら、引き続きその施設でサービスを受けることが可能な有料老人ホームです。

②介護付有料老人ホーム

介護等のサービスが付いた有料老人ホームです。介護が必要となっても、ホームが提供する介護サービスである「特定施設入居者生活介護」を利用しながら、ホームでの生活を継続することができます。

特定施設入居者生活介護とは、特定施設に入居している要介護者・要支援者を対象として行われる、日常・生活上の世話、機能訓練、療養上の世話のことで、介護保険の対象となります。

③健康型有料老人ホーム

食事等のサービスが付いた有料老人ホームです。介護が必要となった場合、入居者

有料老人ホームの関連図

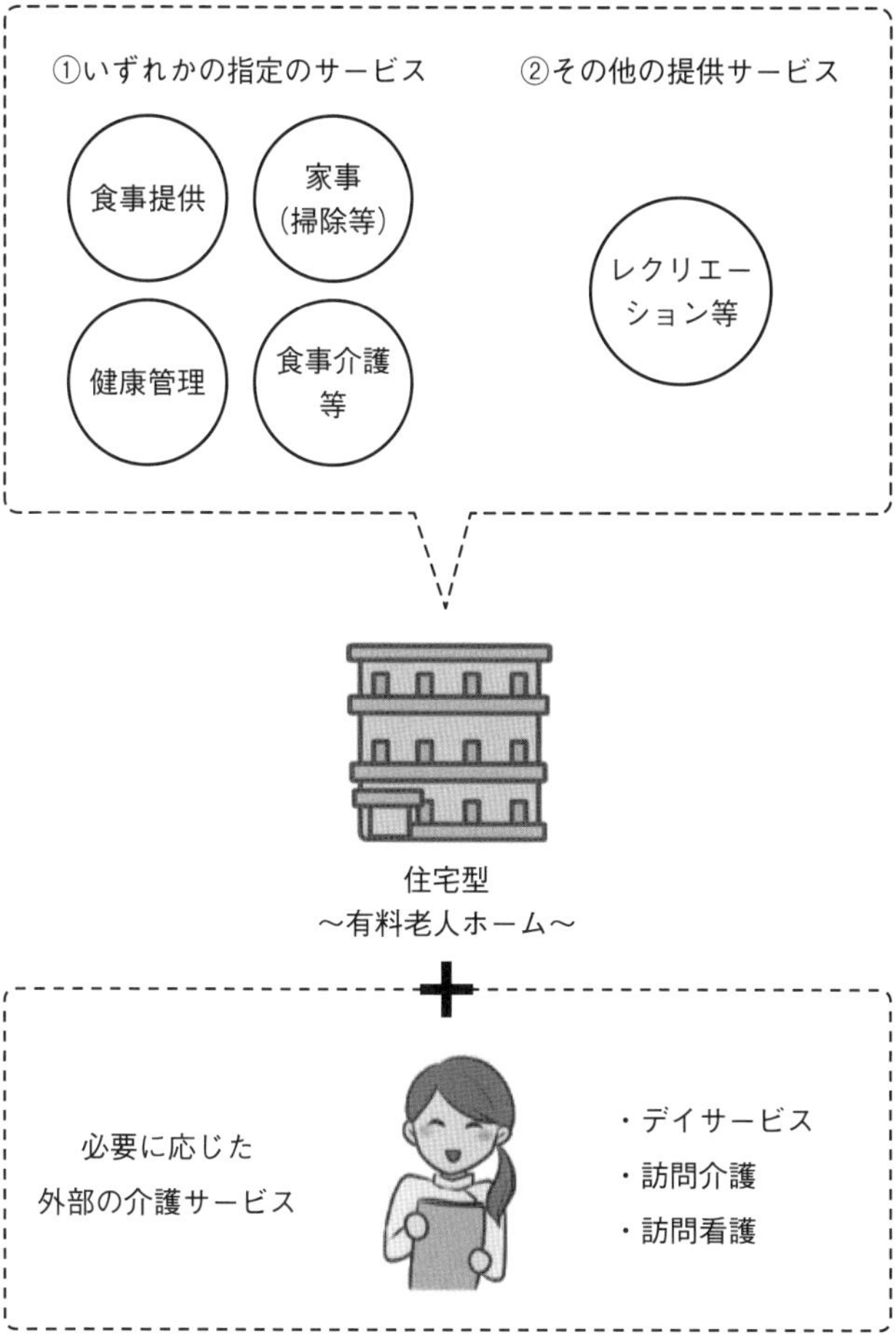

は契約を解除して退去します。

有料老人ホームを設立するために必要な条件は、これらの種類に応じて異なっています。例えば、住宅型有料老人ホームでは人員配置に関する基準は特に定められていませんが、介護付有料老人ホームでは一定の職員を配置することが求められています。

(2) 小規模多機能型居宅介護（小規模多機能ホーム）

小規模多機能型居宅介護を提供する施設であり、「小規模多機能型施設」「小規模多機能型居宅介護施設」などとも呼ばれています。

小規模多機能型居宅介護とは、①通所介護（デイサービス）を中心に、②訪問介護（ホームヘルプ）、③短期入所生活介護（ショートステイ）を一体的に組み合わせて提供する地域密着型の介護サービスです。①〜③の概略は次のとおりです。

①通所介護（デイサービス）

施設に通って入浴や食事等の介護、リハビリなどを受ける日帰りのサービス。

②訪問介護（ホームヘルプ）

訪問介護員（ホームヘルパー）が居宅を訪問して、入浴や食事等の介護や調理、洗濯、掃除等の家事を行うサービス。

③短期入所生活介護（ショートステイ）

施設に短期間入所（宿泊）して、入浴や食事等の介護、リハビリなどを受けるサービス。

これら3つのサービスはいずれも、地域の人たちとの交流や地域活動への参加を図りながら、利用者が住み慣れた地域での自立した日常生活を営むことができるようにサポートすることを目的としています。

小規模多機能ホームは登録制ですが、①利用者、②人員配置、③設備に関して以下のような要件を満たすことが必要です。

①利用者

■1事業所の登録者は29人以下

■デイサービスの利用者は18人までを上限

■ショートステイの利用者は9人を上限とし、登録している利用者に限定

②人員配置

■介護・看護職員

［日中］デイサービスの利用者3人に1人＋ホームヘルプ1人

［夜間］ショートステイとホームヘルプで2人（1人は宿直可）

■介護支援専門員1人

③設備

■デイサービスの利用者1人あたり3㎡以上の面積

■ショートステイは4・5畳程度の広さでプライバシーが確保できるしつらえを要

小規模多機能ホームのイメージ

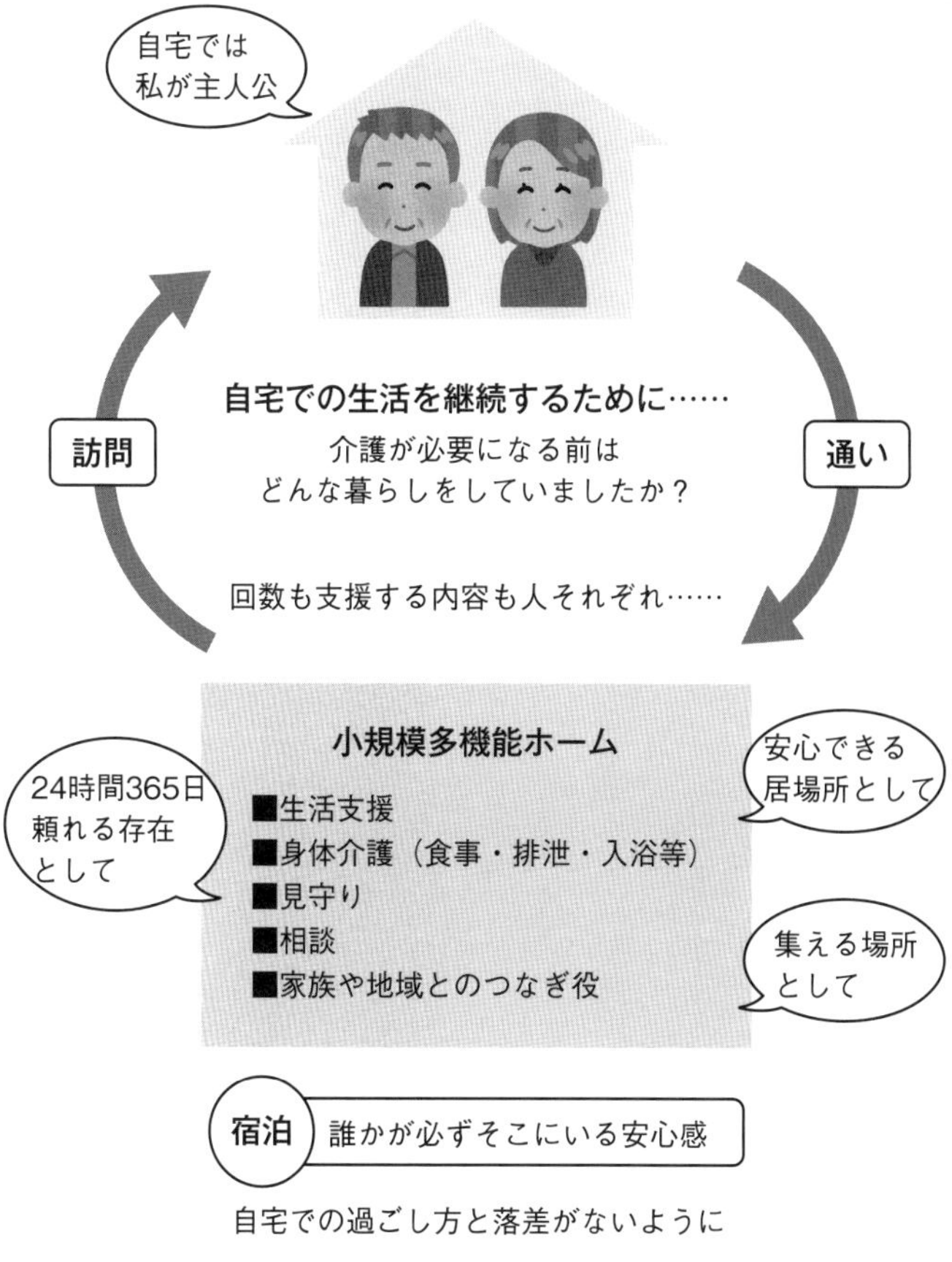
自宅では
私が主人公
自宅での生活を継続するために……
介護が必要になる前は
どんな暮らしをしていましたか？
回数も支援する内容も人それぞれ……
訪問
通い
小規模多機能ホーム
■生活支援
■身体介護（食事・排泄・入浴等）
■見守り
■相談
■家族や地域とのつなぎ役
24時間365日
頼れる存在
として
安心できる
居場所として
集える場所
として
宿泊
誰かが必ずそこにいる安心感
自宅での過ごし方と落差がないように

する

(3) 認知症高齢者グループホーム（グループホーム）

グループホームは認知症対応型共同生活介護を実施する施設です。

認知症対応型共同生活介護とは、認知症の高齢者が共同で生活する住居において、入浴、食事等の介護や、日常生活上の世話、リハビリなど、自立した生活ができるように支援するサービスです。家庭的な環境と地域住民との交流のもとで、できる限り自立した生活が送れるようになることを目指します。

ちなみに、私の会社の運営しているグループホームでは、以下のようなサービスを具体的に提供しています。

①入浴・排泄・食事等、日常生活の見守り介助
②買い物・散歩、公共交通機関を利用した外出支援

③地域の行事参加、小中高大学との交流、レクリエーション（歌・計算・ぬり絵・書道・花・野菜作り）

また、医療機関との連携を密にとり情報の共有を図り、往診制度・訪問看護・訪問歯科なども活用しています。

グループホームは設備等に関して以下の要件を満たすことが求められています。

■共同生活住居ごとに1以上のユニットが必要
■ユニットの入居定員は5人以上9人以下
■居室および居室に近接して相互に交流を図ることができる設備を設ける
■居室の定員は原則1人
■居室面積は収納設備を除き7・43㎡以上
■要支援1の人は利用できない

グループホームのイメージ図

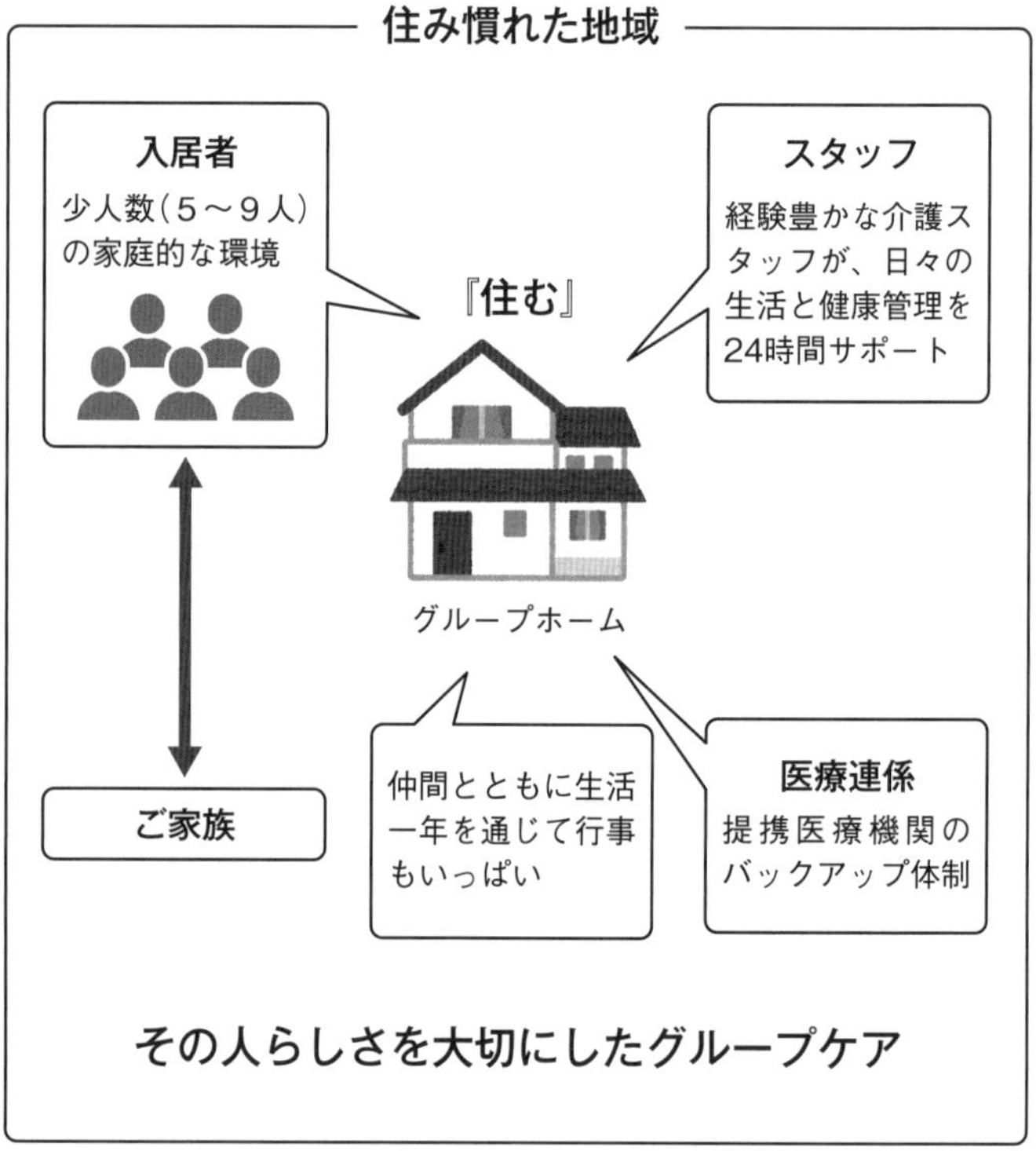
住み慣れた地域
入居者
少人数（5～9人）の家庭的な環境
『住む』
グループホーム
スタッフ
経験豊かな介護スタッフが、日々の生活と健康管理を24時間サポート
ご家族
仲間とともに生活
一年を通じて行事もいっぱい
医療連係
提携医療機関のバックアップ体制
その人らしさを大切にしたグループケア

(4) サービス付き高齢者向け住宅

サービス付き高齢者向け住宅は、高齢者単身・夫婦世帯が居住できる賃貸等の住まいであり、2011年の「高齢者の居住の安定確保に関する法律(高齢者住まい法)」の改正によって創設されました。一般には「サ高住」の略称で呼ばれています。

①規模・設備、②サービス、③契約関係に関して、以下のような要件を満たすことが求められています。

①規模・設備

■床面積は原則25㎡以上(ただし、居間、食堂、台所そのほかの住宅の部分が高齢者が共同して利用するための十分な面積を有する場合は18㎡以上)

■各専用部分に、台所、水洗トイレ、収納設備、洗面設備、浴室を備えたものであること(ただし、共用部分に共同して利用するため適切な台所、収納設備または浴室を備えることにより、各戸に備える場合と同等以上の居住環境が確保される

サ高住のイメージ図

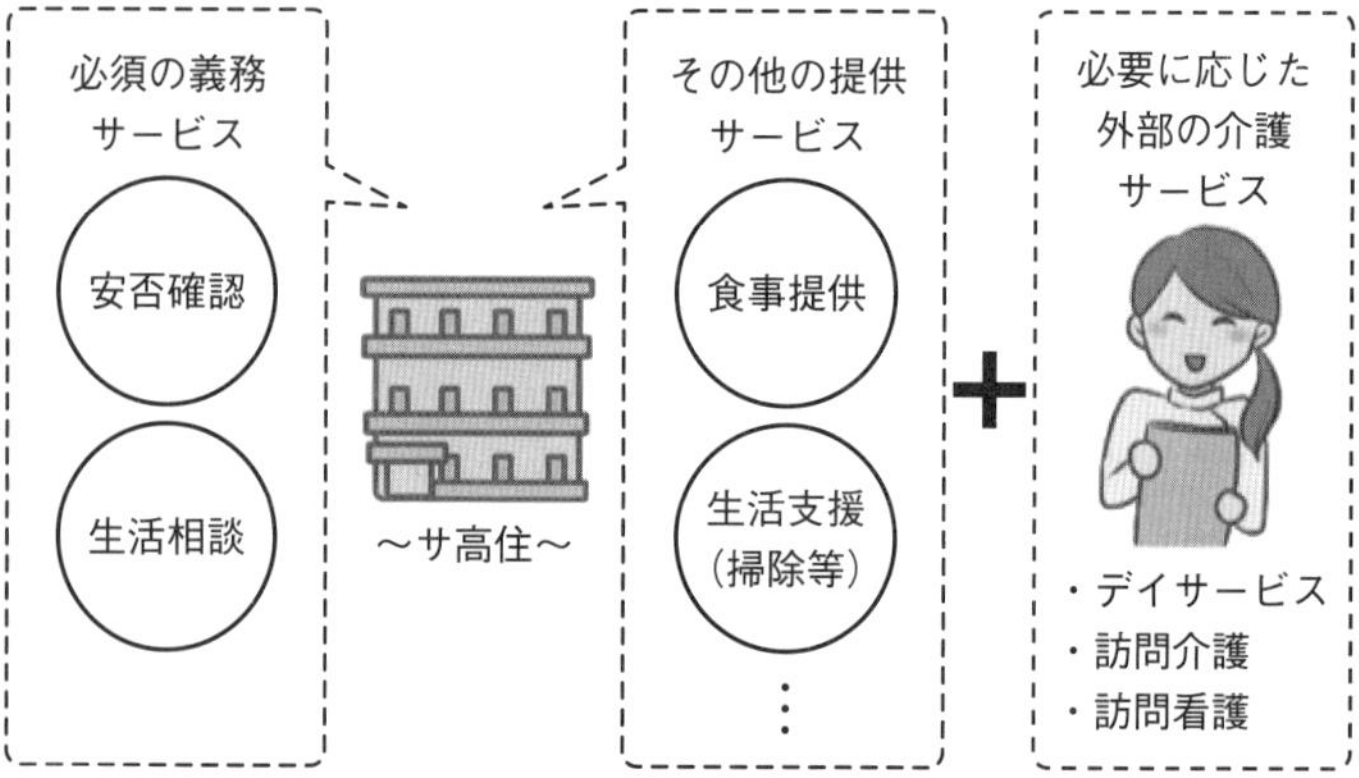

場合は、各戸に台所、収納設備または浴室を備えずとも可）

■バリアフリー構造であること（廊下幅の確保、段差解消、手すり設置）

②サービス

■安否確認サービスと生活相談サービスは必須（その他のサービスの例：食事の提供、清掃・洗濯等の家事援助など）

③契約関係

■専用部分が明示された契約であること

■長期入院を理由に事業者から一方的に解約できないこととしているなど、居住の

安定が図られた契約であること

■敷金、家賃、サービス対価以外の金銭を徴収しないこと

など。

理想的な規模は作る施設のタイプによって異なってくる

介護施設の理想的な規模は一概にはいえません。そもそも作る施設のタイプによって、必要な敷地面積や建築面積などは異なってくるでしょう。

一般論としては、「広過ぎず、狭過ぎず」を心がけるべきです。あまりに広いと管理が大変になりますし、逆に過度に狭いようだと、利用者が息苦しさを感じることになるかもしれません。

参考までに、私の会社で運営している各施設の敷地面積、建築面積、延床面積を76ページに挙げておきました。

うららびより施設一覧表

うららびより	敷地面積（㎡）	建築面積（㎡）	延床面積（㎡）	構造	入居者数／利用者数（人）	スタッフ数（人）	種類
関	963.85	538.56	825.31	木造	27	28	グループホーム（3ユニット）
柳津	996.66	598.36	996.77	鉄骨造	16/29	24	住宅型有料老人ホーム／小規模多機能型居宅介護
羽島	1230.98	642.17	1101.02	鉄骨造	18/29	26	サービス付き高齢者向け住宅／小規模多機能型居宅介護
江南	1361.46	572.88	846.63	鉄骨造	18/29	38	グループホーム（2ユニット）／小規模多機能型居宅介護
芋島	1017.16	603.98	1162.74	鉄骨造	22/29	29	サービス付き高齢者向け住宅／小規模多機能型居宅介護
関ヶ原	1329.25	215.48	386.98	木造	9/3	14	グループホーム（1ユニット）／認知症対応型通所介護（グループホーム等活用型）
奥町	816.89	446.72	851.09	木造	18/29	38	グループホーム（2ユニット）／小規模多機能型居宅介護
金山	609.93	260.78	531.85	木造	18	19	グループホーム（2ユニット）
郡上	8617.3	1021.3	1029.43	木造	29	28	介護付有料老人ホーム

このうち、うららびより奥町、うららびより柳津、うららびより羽島、うららびより江南については次章でも詳しく紹介していますので、そちらもご確認ください。

都市型は郊外型に比べより人手が必要になる

敷地面積や建物の階数は、都市部に建てるのか(都市型)、それとも郊外に建てるか(郊外型)によっても変わってきます。

都市型の場合は、土地の購入コストが高額になりがちで敷地面積はどうしても限られてきます。その結果、1階部分に確保できる部屋数は郊外型に比べて少なくなります。

例えば、郊外型であれば1階に29の部屋が作れる場合でも、都市型では同額のコストで10部屋しか作れないことが珍しくありません。そのため、必要な入居者を確保するために、2階、3階と上にフロアを積み上げていくことになります。

郊外型、都市型の比較

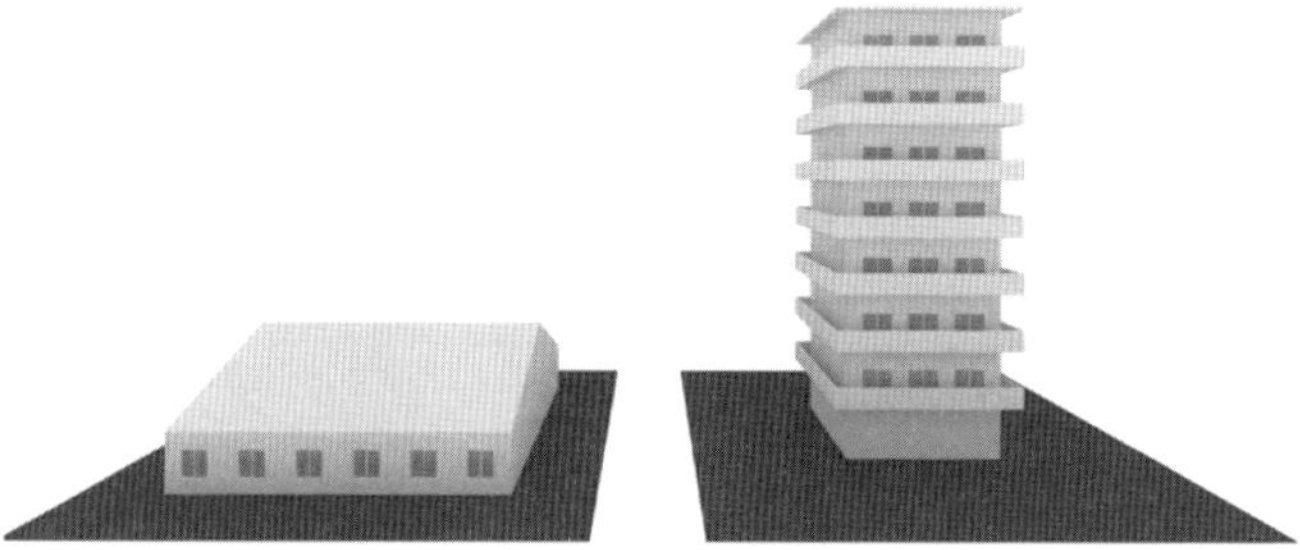

〈郊外型〉
広い敷地を確保でき、
平屋で建設可能

〈都市型〉
広い敷地の確保が困難なため、
フロアを積み上げることとなる

都市型は上に積み上げていくイメージ

しかし、このように階数が増えていけば、スタッフの数もより必要になります。ことに夜間の見守りの場合、1階だけであれば一人の職員だけでも可能ですが、2階、3階もあるとそれは困難です。

このように、都市型の場合には、郊外型の場合に比べて多くのスタッフを確保しなければならず、そのため人にかかるコストがより多くなることはしっかりと認識しておかなければなりません。

PART 3
施設ではなく「我が家」にする構造計画

介護施設の構造に関しては防災上の配慮などから、いくつかの法的な規制が課せられています。

例えば、有料老人ホームの場合には原則として、建築基準法で規定されている耐火建築物または準耐火建築物にすることが必要になります。

また、消防法等の規定にしたがって、避難設備、消火設備、警報設備や、地震、火災、ガスもれ等の事故・災害に対応するための設備を十分に設けることも要求されています。

さらに、都道府県等の各自治体で独自に定められている介護施設の設置に関わるガイドライン等でも、構造に関するルールが設けられています。

こうした公的な決まりを遵守したうえで、「我が家」のような施設を実現できる木造構造計画を策定することが求められます。

主要な構造には木造と鉄骨造、コンクリート造の3つがある

介護施設の基本的な構造としては、以下のように①木造（W造）、②鉄骨造（S造）、③鉄筋コンクリート造（RC造）の3つの選択肢があります。

①木造（W造）

主な構造部分に木材を用いたもの。Wは〝Wood（木）〟の略。

②鉄骨造（S造）

柱や梁などに鉄骨を使用した構造。Sは〝Steel（鉄）〟の略。鉄骨の骨組みの厚み

が6㎜未満のものを「軽量鉄骨造」、6㎜以上のものを「重量鉄骨造」といいます。

③鉄筋コンクリート造(RC造)

柱や梁、床・壁が鉄筋とコンクリートによって構成されているもの。RCは〝Reinforced Concrete(補強されたコンクリート)〟の略。

それぞれのメリット・デメリット

木造、S造、RC造それぞれの特徴やメリット、デメリットなどについて確認しておきましょう。

まず建築費用に関しては木造が最も安く、次がS造、最も高いのはRC造になります。かつてはS造とRC造の建築コストには大きな差がありましたが、近年、S造のコストが上昇しており、RC造とそれほど変わらなくなっています(木造が坪80万円だとすれば、Ｓ造が95万円、ＲＣ造が１０５万円程度）。

また、完成するまでの時間（工期）は、①→②→③の順番で長くなります。

構造の安定性と耐火性については、これらの3者のなかで木造が最も劣っているイメージがあるかもしれません。実際、「木造は地震と火災に弱い」というイメージを持っている人は少なくないかもしれません。

しかし、技術開発等が進んだ結果、木造建築に関するそうした先入観は近年、大きな修正を迫られているところです。

例えば、安定性と耐火性に関しては、専門家によって以下のような見解も示されています。


「木造住宅や大規模な木造建築物において、他の構造物よりも劣るということはない。現在では、大規模な木造建築物を設計するための情報整備や、人材育成が積極的に進められており、今後さらに設計しやすい環境が整ってくることが期待されている」

「木造というと、火災ですぐ燃えてしまうというイメージがあるが、様々な技術や木の特性を利用して、火災に対応可能な構造物とすることができる。準耐火構造、耐火構造とした柱や壁などの開発が進められており、現在ではそれらの技術を活用した建築物が増えてきている」
（一般社団法人木を活かす建築推進協議会「木の良さデータ整理検討報告書」より）

耐火性に関して付け加えておくと、実はS造のほうが木造よりも弱い面があります。S造の骨組みは一定の温度までは耐えられますが、その限界点を超えると一気に崩壊してしまうのです。一例を挙げれば、9・11で崩壊してしまった世界貿易センタービルもS造です。

木造はS造、RC造に比べて快適な構造であることを示す実験結果がある

①木造、②S造、③RC造のうちどれを選ぶのかは、前述のような特徴等をふまえ

て、基本的にはケースバイケースで考えていくことになります。

例えば、街中に作る場合には、やはり何よりも耐震・耐火を意識しなければなりません。そうなると、安定性と耐火性に最も優れたＲＣ造で堅固に作ることが求められます。

ただ、前述したように介護施設を「わが家」「住まい」としてとらえる観点からは、最も理想的な構造が木造であることは間違いありません。

例えばコンクリートの建物は、人によっては病院や収容施設のような印象を持つかもしれません。

一方、木の建物は、日本人の伝統的な住まいが、つまりは一軒家のほとんどが木造建築であることから、ごく自然に「家」として受け入れられることが多いのです。

またもう一つ、指摘しておきたいのは、Ｓ造、ＲＣ造に比べて、木造のほうがストレスがなく快適な構造であることが科学的に示されていることです。

具体的に述べると、マウスの子どもを①木製、②金属製、③コンクリート製の箱でそれぞれ育て、生存率等を比較した実験が１９８０年代に行われています。

実験結果では、23日後の生存率が最も高かったのは①木製の箱であり8割を超えていました。一方、②金属製は4割に過ぎず、③コンクリート製に至っては1割を下回っていたのです。

この実験を実施したのは静岡大学農学部の研究室であり、その結果をまとめた論文「生物学的評価方法による各種材質の居住性に関する研究——マウスの飼育成績による評価」(「静岡大学農学部研究報告／静岡大学農学部編」)では、結果について次のように述べられています。

「木製ケージ群の乳仔は正常に成長を続けたが、コンクリート製及び金属製ケージ群では成長が著しく停滞し、斃死するものが続出した。23日齢での乳仔の生存率は木製ケージ群85・1％に対し、金属製及びコンクリート製ケージ群ではそれぞれ41・0％及び6・9％と著しく低かった」

また、同論文は以下のように締めくくられています。

「本実験の結果は、各種材質の居住性に対する生物学的評価法として、急成長期、特に乳仔期（哺乳期）における成長並びに臓器の発達を指標としたマウスの飼育試験の有用性を示すとともに、木製ケージは動物の居住環境として金属又はコンクリート製ケージより明らかに優れていることを示した」

このように、マウスのみならず広く動物一般の居住環境としても木造が優れていることが示唆されているのです。

介護施設に即していえば、入居者にとっては木造がいちばん心地よく生活できる、またスタッフにとっても、長時間働いた場合、木造がいちばん疲れにくいといえるのです。コンクリートの床は固いのでその上を長時間歩いていると疲れますが、木の床は適度な弾力を持っているので足の疲れが軽減されます。

また、木の床は音が伝わりやすいため、目の届かないところで、転倒などの事故が

木造のメリット

木造とRC造の原価償却期間の比較

減価償却期間(法定耐用年数)の比較			
用　途	鉄筋コンクリート造(RC造)	重量鉄骨造(S造)	木造(枠組壁工法)
住　宅	47年	34年	22年
病院/診療所	39年	29年	17年

法定耐用年数は17年でも、耐火・耐震性が高いため、
50年以上使用可能

年間原価償却の比較 ※延床面積2500㎡、坪単価80万円※の場合		
年間原価償却費	鉄筋コンクリート造(RC造)	木造(枠組壁工法)
	2,230万円	3,380万円

RC造より年間1,150万円多く経費計上できる

※80万円のうち設置工事費30%と想定

出典:三井住友建設株式会社の資料をもとに作成

あった場合にも気づくことができます。このようにリスクマネジメントの観点からも木造にはメリットがあるのです。

そのほか、冷暖房のランニングコスト、年間減価償却費、固定資産税・都市計画税に関しても、木造にはアドバンテージがあると指摘されています（前ページ図参照）。

シルエットは切妻にする

住まいとしての空間づくりを徹底したいのであれば、建物のシルエットにも意識を払うことが適切です。

介護施設の場合、シルエットの選択肢としては左ページの図のように、①箱、②片流れ、③切妻の3つがあります。

一般論として、都市型の場合には①箱を、郊外型の場合には②片流れか③切妻を選ぶケースが多いです。

箱、片流れ、切妻の図

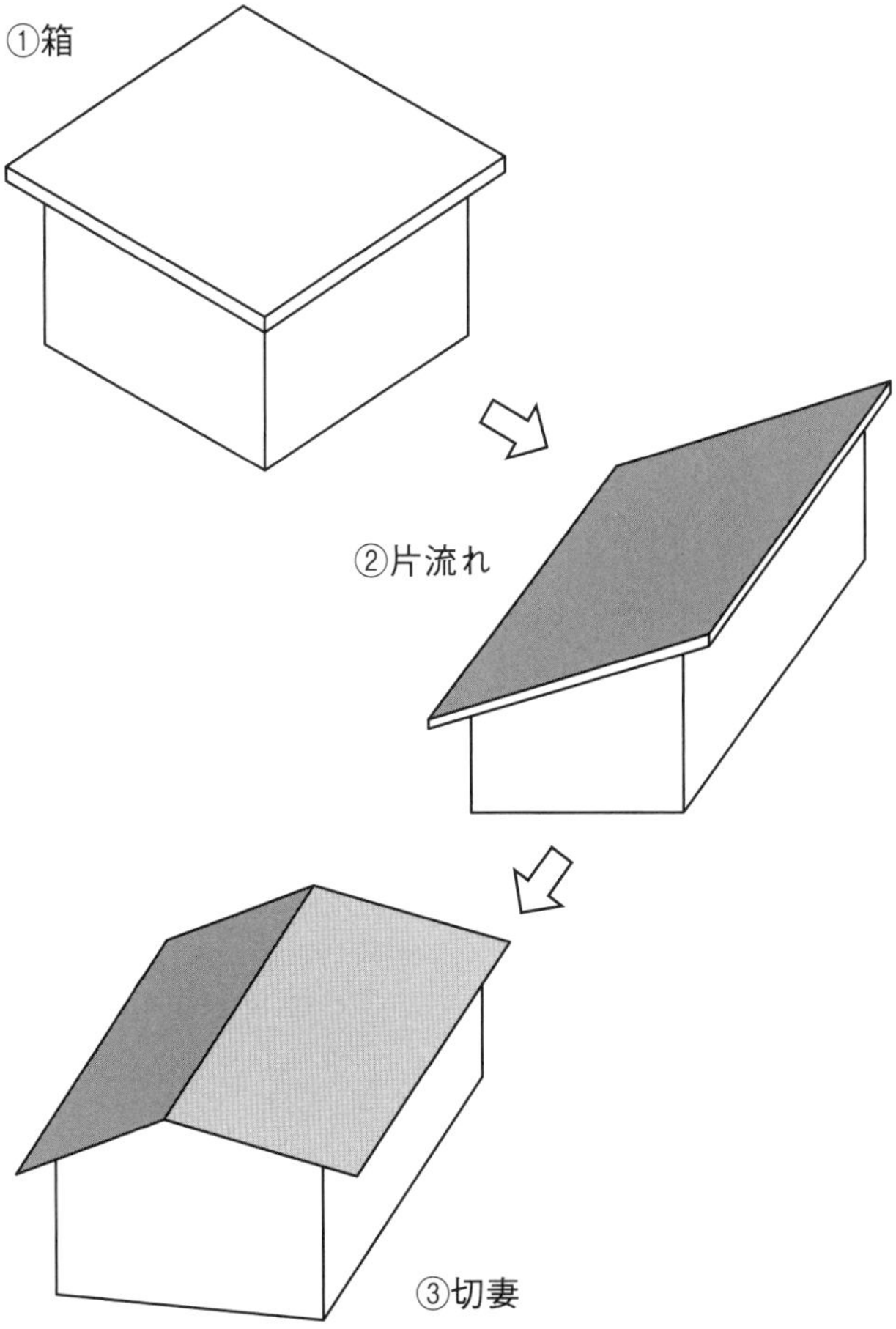

また、形から考えて分かるように、①→②→③の順で建築の手間がかかるので、それに応じてコストもかさんでいきます。そのため、費用をおさえたい場合には、②あるいは①を選ぶことになります。

さらに、この3つのうちどれが、最も「我が家」としてのイメージに近いかといえば、それはやはり、③切妻でしょう。

夕暮れの空に切妻のシルエットが浮かんでいる様子を見れば、日本人は「あー、家に帰ってきたな」という思いを感じることができます。

一方、①箱は、いかめしいビルのイメージが強くなり、住まいのイメージから遠ざかることが避けられません。

そして、シルエットに関しては階数への配慮も必要です。階数が多過ぎるとどうしても圧迫感が出てきます。そうした見地から、私の会社で手がける施設は平屋もしくは2階建てを理想としています。

PART 4 個性に対応した設備計画

介護施設は居室や食堂、リビング、洗面、トイレ、防災設備などの各種設備によって構成されています。それらの設備を設ける際には、先に述べたように安全性に配慮することに加えて、利用者個々人の心身の状況や生活様式・生活習慣なども意識することが求められます。

高齢者の身体的特徴に対応した温熱・空気環境

まず利用者の多くは高齢化により体温調節能力が低下しており、過度の暑さや寒さ

床暖房のメリット

①足下から暖まる	冷たい空気は下にたまりやすくエアコンの暖房をつけても床付近はなかなか暖まらない。床暖房なら床から熱が伝わってくる
②空気や肌が乾燥しにくい	床暖房はエアコンのように温風を伴わないので皮膚等から水分が蒸発しにくい
③空気がきれい	エアコンと違い、気流でほこり等が舞わない。また、ストーブなどのように室内に燃焼させるものがないので空気の汚れが生じない
④部屋全体が暖まる	床面全体をほぼ均一に暖めるので、のぼせる感覚が少ない
⑤場所をとらない	暖房器具の場所をとらないので、部屋が広く使える

(東京ガス株式会社の情報サイト「ウチコト」をもとに作成)

によって体調を崩すおそれがあるため、空調には細心の注意を払わなければなりません。

特に暖房に関しては、足元から暖める床暖房を取り入れる介護施設が増えています。床暖房には、急激な温度の変化が避けられるため高齢者の体により優しいなどのメリットがあるといわれています。

それから、高齢者の身体的特徴に対応した温熱・空気環境としては、棟換気と通気工法を行うこともポイントの一つとなります。

まず、棟換気とは、屋根裏の湿気や熱気を排出するために、屋根の裏（頂部）に取り付けられている換気システムのことです。屋根の棟部に換気（排気）部材を設けることで、屋根裏に籠ってしまう暖かい空気や湿気を、自然に外に排出することができます。この仕組みによって、館内を常に快適な温度・湿度に保つことが可能になります。

一方、通気工法とは、外壁の中（壁体内）に入り込んだ水分や湿気を外に放出する

棟換気と通気工法の図

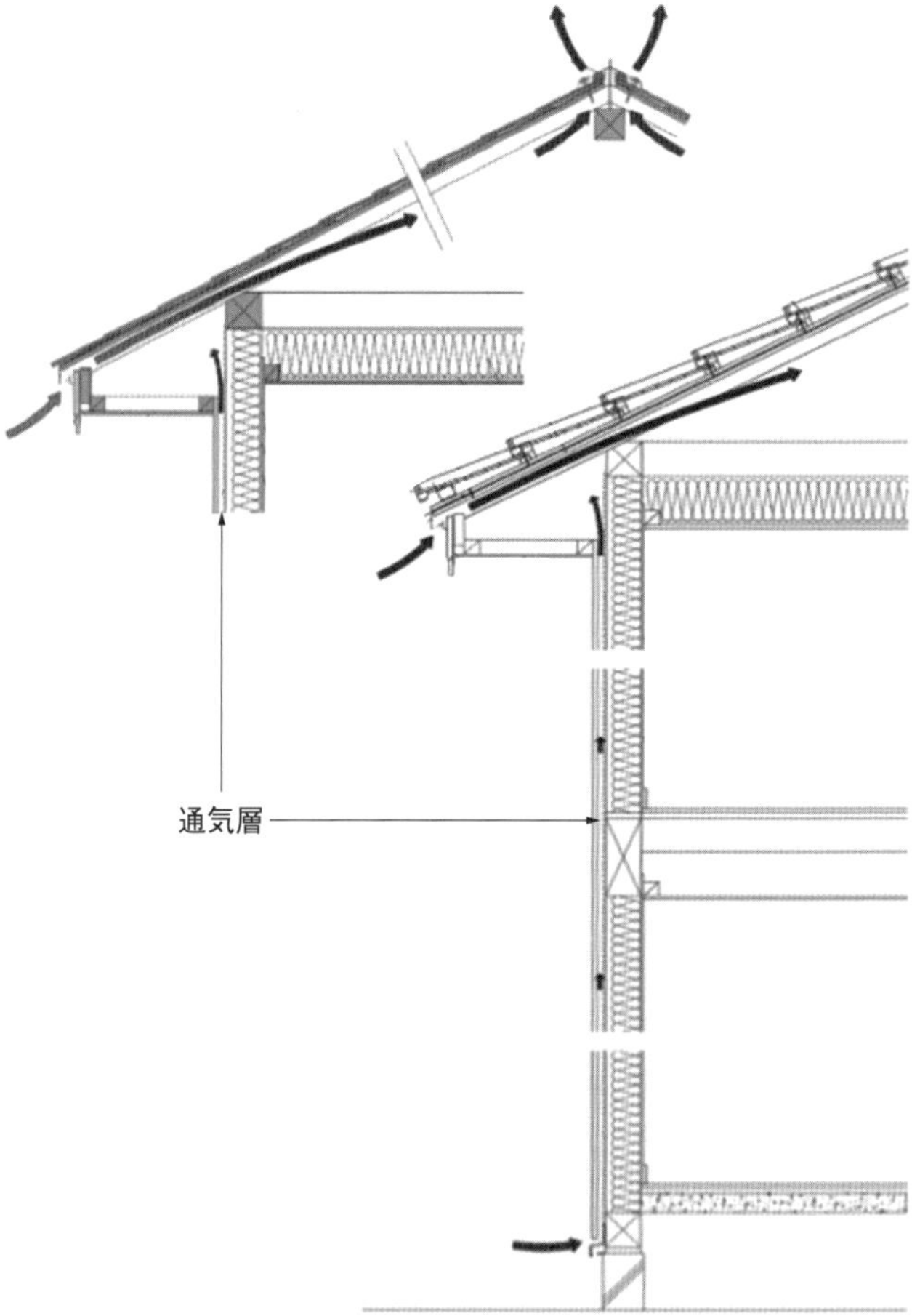

出典：株式会社ハウゼコ

手法です。これにより、湿気が過度に上がることを防ぎ、建物の耐久性も向上させることができます。

また、空調については集中管理の形で、すべての部屋を一元的にコントロールしているところが少なくないかもしれません。

しかし、集中管理方式は不具合が起こるとすべての空調が止まってしまうおそれがあります。暑い季節に冷房が、寒い季節に暖房が使えなくなるかもしれないのです。ことに夏の猛暑日などにクーラーが動かなければ、高齢者は熱中症に陥るリスクがあります。

そうした事態を避けるためにも、施設の空調は、各部屋に対応した個別空調の仕組みが望ましいといえるでしょう。それならば、すべての部屋のクーラーが同時に動かなくなるようなことは防げます。

さらに、個々の利用者の体の調子にあわせた細かな温度の設定も、個別空調であれば柔軟に行うことができます。

視力の変化に対応した環境

加齢が原因で高齢者の視力は弱まっており、ものが見えづらくなっています。また、視野も狭まっています。そうした視覚機能の低下をカバーするためには、十分な明るさのある環境を確保することが大切になります。

そして、そのためには施設内に光を積極的に取り入れる設計の工夫が必要となります。具体的には〝トンネル効果〟を上手に利用するのです。

トンネルの中は真っ暗ですが、出口が近づくと明るさを感じます。このような視覚効果を施設設計にも役立てていきます。

例えば、廊下や通路の突き当たりを行き止まりがないような形にする、つまりは壁ではなくて大きな窓にして、そこから光が差し込んでくるようにするのです。また、このように突き当たりに窓を設けることによって、外に抜けていくような開放感、爽

トンネル効果のイメージ

快感を感じることも期待できます。

さらに、視力に関しては、色覚障害のある人への配慮も必要になります。色覚障害があると赤や緑の色を見分けることが難しくなります。そこで、階段踏面などの色に関しては、黄色のように色覚障害のある人にも認識できる色を選ぶことが適切です。

鏡の配置も個別性への対応を意識する

介護施設はすべての利用者にとって過ごしやすい場所であることが求められます。そのためには、個々の利用者のニーズやそれまでの人生体験などを本人や家族等にヒアリングしたうえで十分に把握して、設備の設計に活かしていくことが必要になります。

例えば、認知症の利用者のなかには鏡に対して特別な反応を示す人がいます。具体的には、鏡の存在を認識することによって落ち着きを失ったり、平穏な状態を保てなくなることもあるのです。

そこで、グループホームのように認知症の人が主たる利用者となる施設の場合には、洗面所等の鏡が目に入らないように、その大きさや配置する場所などに注意することが必要になります。

他方で、認知症以外の人も利用する小規模多機能ホームなどの施設の場合には、化粧直しなどのためにごく普通に鏡を使いたい人もいます。

そのような場合には、認知症の利用者が洗面所を使うときには鏡を布で覆って見えないようにするなどの工夫によって対処することができます。

居場所をつくる

一口に心地よい環境といっても、いろいろな形があり得ます。静かであったり、緑が溢れていたり……最も理想とする心地よさは人によってそれぞれ異なるはずです。

一方で、誰にとっても共通して心地よいといえる状況もあります。それは、「ここには自分の居場所がある」と感じられる状況です。

自分の居場所があれば、精神的な落ち着きや安らぎを感じることができます。また、皆と共同で作業などをしていて疲労を感じたときにも、そこで心身をゆっくりと休ませることができます。

したがって、共用スペースなどにも、利用者が居場所を感じられる空間を用意することが望ましいといえます。

例えば、リビングの隅などに自由に座れる椅子を置いておくだけでも、そうした居場所をつくることは十分に可能なのです。

移動や移乗の支援など介助のための設備

移動や移乗の支援など介助のための設備も利用者個人個人の状況を踏まえて整えることが必要になります。

まず、足腰に衰えがある利用者のために無理なく動けるよう歩行器を用意しなければなりませんし、ＩＴやロボット技術の積極的な導入も検討すべきでしょう。例えば、移乗支援にはパワーアシストが効果的です。パワーアシストとは、それを装着することで、動作する際に求められる力を補助する装置です。

また、介護ロボットとしては、近年、パロ(PARO)も広く活用されています。これは、独立行政法人(現・国立研究開発法人)産業技術総合研究所(産総研)によって開発されたアザラシ型ロボットであり、主として認知症の人の精神的ケアに利用されています。

さらに、ソフトバンクの開発した人型ロボット、Pepper(ペッパー)を利用する介護施設も増えています。

認知症の人は、同じことを何度も何度も繰り返して話す傾向があります。そのような会話の相手を、人(スタッフ)が何時間も務めるのは大変かもしれません。しかし、ロボットであればまったく問題なく対応することができます。

アザラシ型ロボット・パロ

人型ロボット
Pepper（ペッパー）

介護老人保健施設での
ロボット・セラピーの様子

人手不足をカバーするために監視カメラの導入も検討する

こうしたITやロボットなどの最先端技術の導入は、人手不足をカバーするという観点から今後ますます重要になってくるはずです。

特に都市型の施設の場合は前述のように、郊外型に比べて、より多くの人手が必要となるため、夜間時の見守り等の業務に監視カメラを利用することを検討してもよいかもしれません。

監視カメラがあれば、夜勤の人手を十分に確保することが難しくても、居室における転倒事故等を見逃すことなく、利用者の安全を最大限に守ることが可能となるはずです。

欧米の介護施設では当たり前のように監視カメラが活用されていますが、日本ではプライバシー重視の傾向が強いため、まだその利用が進んでいません。

しかし、人手不足の状況がこのまま改善されないのであれば、日本でも今後普及が進むのではないかと思っています。

またITの活用に関しては、2020年初頭より始まった新型コロナウイルス感染症（COVID－19）により、福祉施設が外部との接触を規制され、家族面会もできなくなりました。

ニュースでも話題になりましたが、私どももネット面会を推奨し、家族の絆を護ることで大変喜ばれています。

PART 5

住みやすく、働きやすい空間構成と各室の計画

利用者にとって住みやすく、スタッフにとって働きやすい空間構成はどのようなものなのでしょうか。居室やトイレ、浴室など各室を計画する際のポイントや注意点などについて取り上げていきます。

入居型施設と通所型施設とで空間構成は異なる

施設の空間構成は、入居型施設と通所型施設とで異なってきます。
入居型施設とは、利用者が入居して生活を送るタイプの施設であり、グループホー

入居型施設の空間構成例

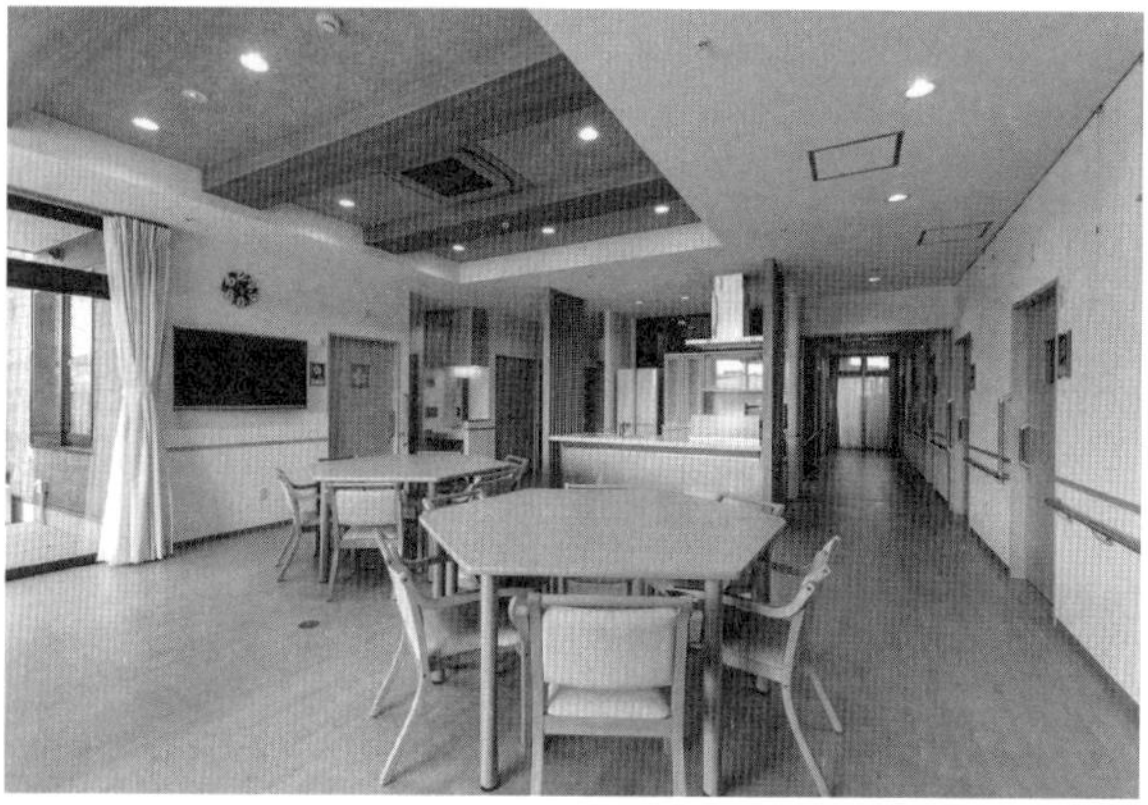

LDK

高窓があり明るいLDK

くつろぎスペースの
タタミコーナー

落ち着きのある食堂兼共同生活室LDK

通所型施設の空間構成例

小規模多機能ホームの機能訓練室

機能訓練室の窓際にはタタミコーナーを設けている

食堂兼機能訓練室

縁側（夜景）

ムや有料老人ホームなどが該当します。

通所型施設とは、自宅での生活を送りながら、必要な支援やリハビリなどを受けるタイプの施設で、小規模多機能ホームがその具体例です。

入居型施設では、居住者が毎日の生活を送る居室が空間の多くを占めることになります。一方、通所型施設では、リハビリ、デイサービス、ショートステイなど事業者が提供するサービスの中身に応じて多様な空間を内包することになります。

L字型、T字型のプランにすれば入居者はより活動的になる

介護施設のフロアは、一般に112ページで示したプラン図のように、通路を挟んで左右に部屋を並べたようなシンプルなI字型になっています。

このような空間構成は、介護施設が今のように生活の場とみなされる以前の収容施設だったころの名残りであり、病院の病棟の延長から来ています。つまり、病棟は一

般的にI字型だったため、それにならって介護施設も同様の形になったわけです。

このI字型はそれなりに機能しているところもあり、今でも基本のプランとして活用されることが少なくありません。

しかし、入居者のニーズや利便性に配慮しスタッフの負担をより軽減するという観点からは、もう少し今風の工夫があってもよいかもしれません。

具体的には、112ページに挙げたようにT字型やL字型にするという選択肢が考えられます。

このように空間に変化を持たせることによって、入居者もスタッフも距離に対する抵抗感が軽減されます。例えば、112ページに挙げたように、I字型では端から端まで向かわなければならない場合、「あんなに距離があるのか」とうんざりとした気持ちになるかもしれません。しかし、T字型であれば距離が短く感じられ、そうした後ろ向きな思いを抱かずにすみます。

その結果、入居者はより活動的になることが、またスタッフは心理的な負担がやわらぎ、より見守りやすくなるという効果が期待できるでしょう。

I字型とT字型の比較図

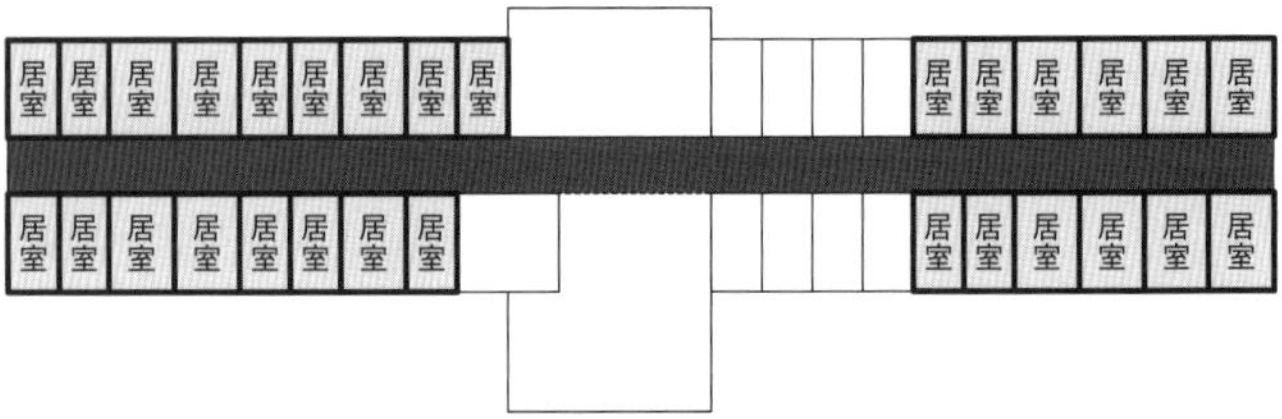

I字型

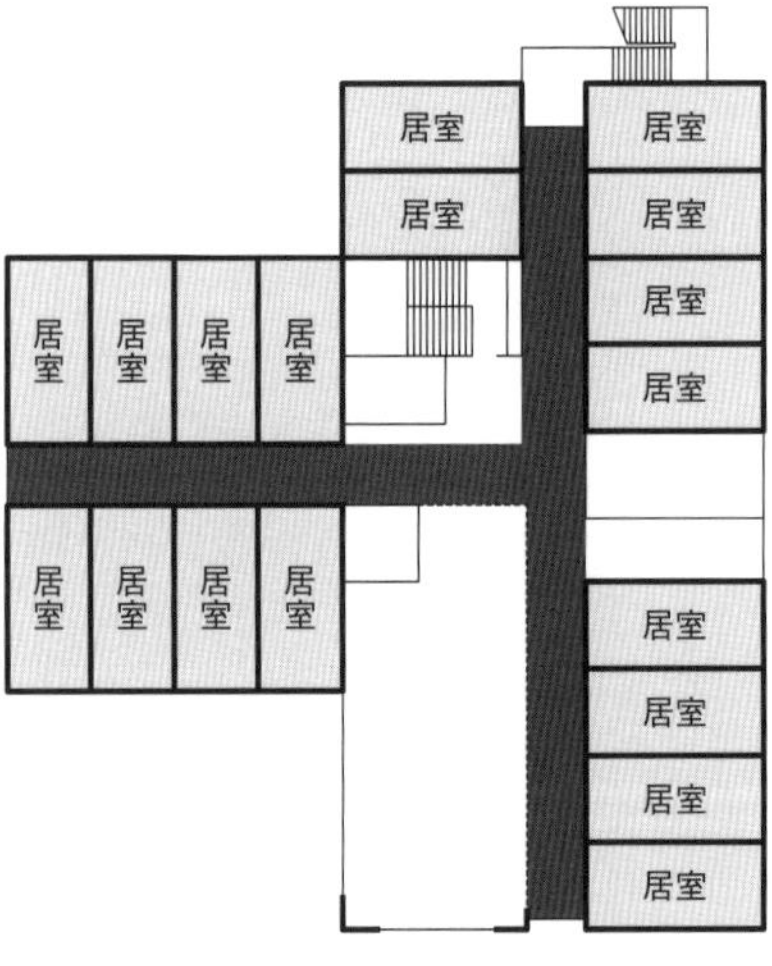

T字型

中庭、坪庭、光庭、通り庭、かべ庭を設けて緑のある空間をつくる

緑の存在は非常に大切です。

森や林の中で木漏れ日や風が通るのを感じて、明るい気持ちや、安らいだ気持ちになったことがない人はいないでしょう。

逆に、まったく緑がない場所に長期間い続けて、滅入ったり、暗い気分になったことがある人もいるはずです。

このように緑が人の心、精神に与える影響の大きさ、プラスの効果を考えると、介護施設でもその存在を感じられる空間を積極的につくることが望ましいといえます。

その具体的な手段としてぜひ、お勧めしたいのが、①中庭、②坪庭、③光庭、④通り庭、⑤かべ庭を設けることです。

①中庭とは、壁や建物に囲まれたオープンスペースです。

②坪庭は、小規模な中庭です。
③光庭は、もっぱら光を確保することを目的として設けられる中庭です。
④通り庭とは、表口から裏口に至るまでの通り抜けられる形となっているスペースのことです。
⑤かべ庭とは、家の中のかべに造花などを用い庭を演出することです。かべ庭によって外の庭に向かい連続性が生まれることで、家の中の狭い空間を意識的に広げることができます。

まず、中庭、坪庭、光庭、かべ庭を設けることによって、居室あるいは浴室などから緑を感じることができるようになります。利用者、スタッフ双方にとって視覚的に心休まる空間を、容易につくることができるわけです。

また、通り庭は京都の伝統的な家屋では、その構成要素の一つとなっています。間口が狭く奥行きが深い形状から、「ウナギの寝床」と表現されることもある京の町屋

中庭、坪庭、光庭、通り庭の図

①中庭

②坪庭

③光庭

④通り庭

は、その構造上、家の中まで光が差しにくくなっています。そこで、明るさを得るための工夫として通り庭がつくられたのです。

通り庭があると人の出入りや物の搬入などもスムーズに行えますし、さらに、通路としてだけでなく、共用スペースとして利用することもできます。さまざまな用途に活用可能なフレキシブルな空間といえるでしょう。

前述のように、中庭、坪庭、光庭、通り庭、かべ庭があれば緑を感じることができるだけでなく、そこから光を取り入れることができます。

さらにもう一つ、風が流れてくることも期待できます。

このように、中庭、坪庭、光庭、通り庭、かべ庭が存在することによって、いくつもの大きな効果が得られることから、私の会社で介護施設を設計する際には、それらのうち必ずどれかを設けるようにしています。

かべ庭の例

受付正面を緑で覆う

かべに絵を飾るように緑を配置

排泄する――トイレの計画

トイレは、壁紙に特殊なクロスを使うなど汚れの取りやすい仕上げを行い、明るくさわやかな内装にすることが基本です。

また、通常は便座の横に手すりを設けますが、それに加えて座ったときに前でつかめる手すり（前方ボード）も備えることが望ましいでしょう（119ページ写真）。高齢者は座っていると、姿勢を維持できず上半身が前にどんどん倒れていくことがありますが、前につかめるものがあればそれを防げるからです。

さらに、前方ボードがあると、介助者が下着をはかせるなどのサポートを行うことが楽になります。

それから、トイレのドアに関しては、外にも内にも開ける両開きのタイプが一見便利に思えるかもしれませんが、実は壊れやすいという難点があります。

トイレの手すりと前方ボードの例

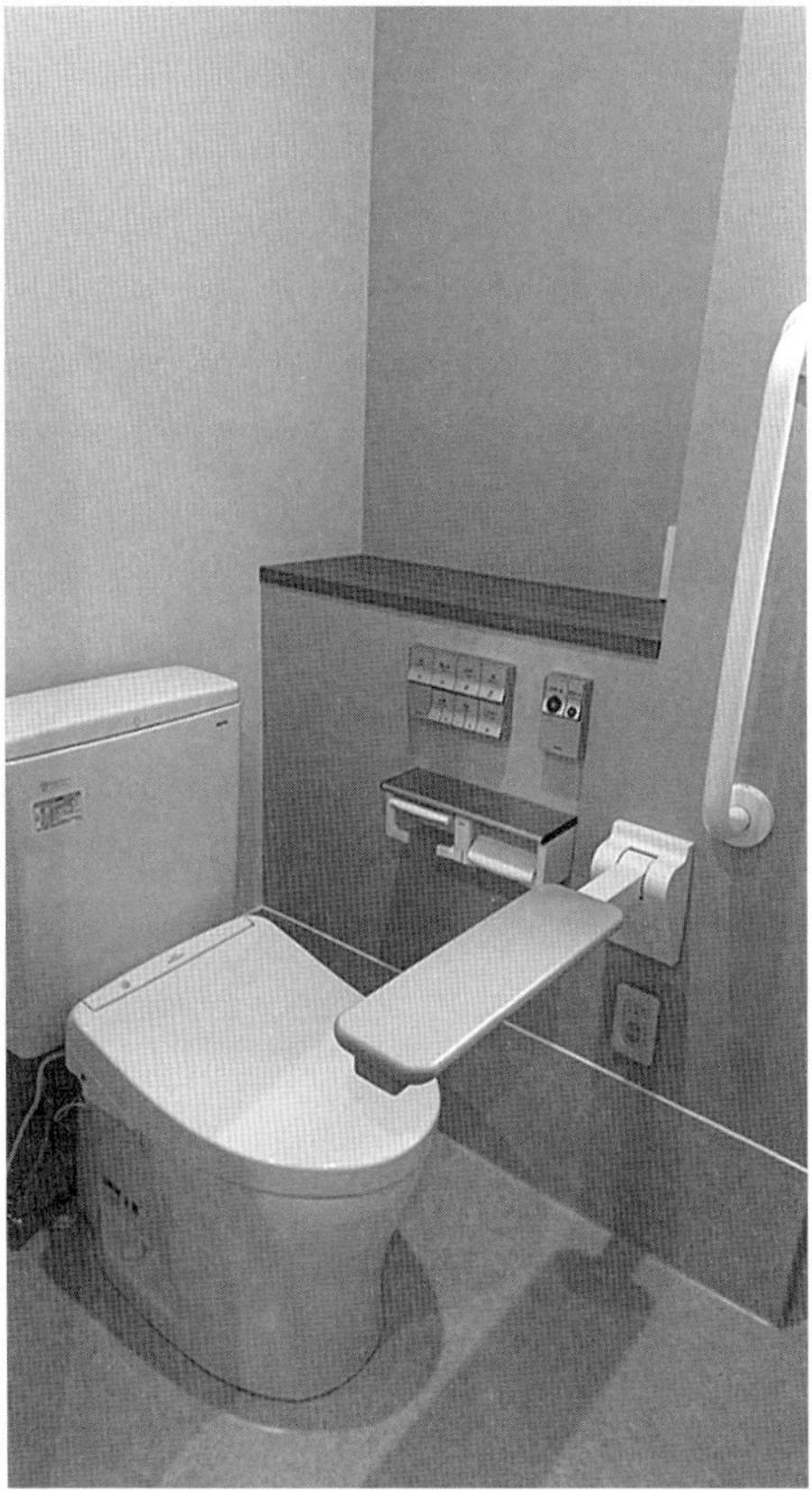

外開きと内開きの例

内から外へ

外から内へ

それを嫌って、「外開き」と「内開き」のどちらかを選ぶのであれば、「外開き」のタイプをお勧めします。「内開き」のタイプだと、万が一、利用者がトイレの中で倒れてしまったようなときに、その体がつかえてしまって外から開けられなくなり、すぐに救助することが難しくなるからです。

入浴する――浴室の計画

浴室に関しては、浴槽の選択が重要になります。

浴室が小さく十分なスペースを確保できない場合には、浴槽を固定式にしてしまうとスタッフが入浴の介助をしづらくなるおそれがあります。

具体的に述べると、浴槽の片側からしか洗えないということになりかねません。

浴室の面積を広くとれるのなら、例えば中央に浴槽を置くことで両側から洗うこと

固定型浴槽と移動型の例

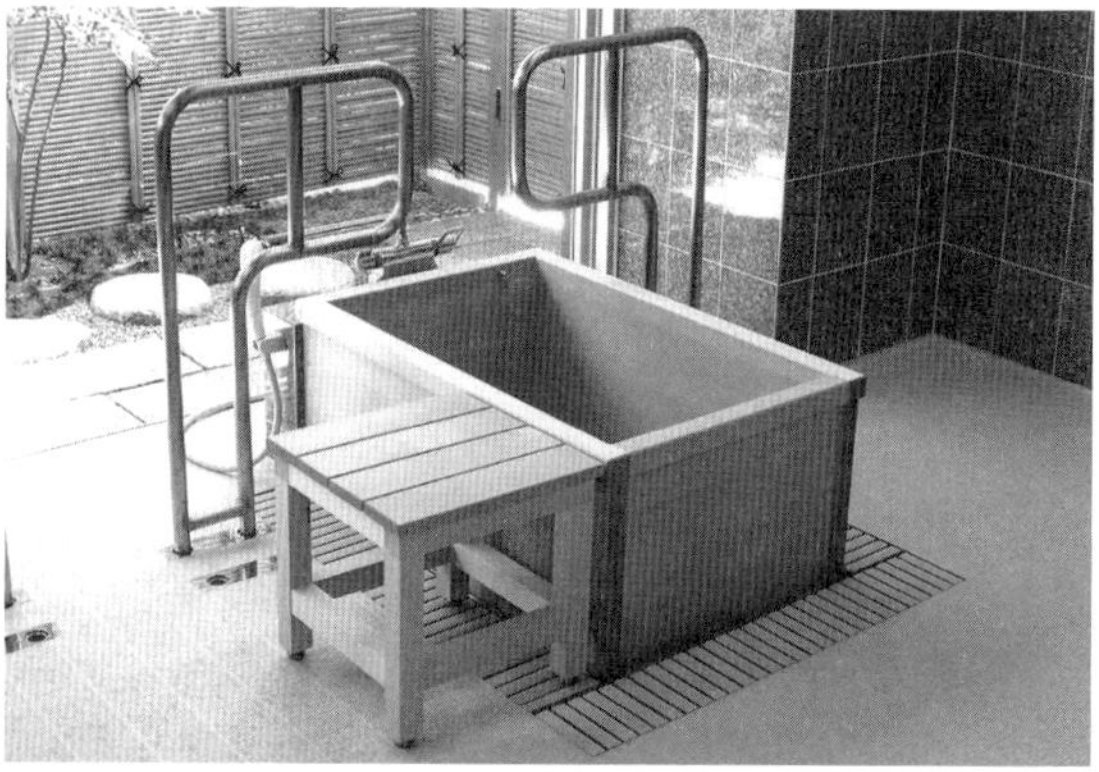

○固定型（ひのき浴槽／株式会社メトス）

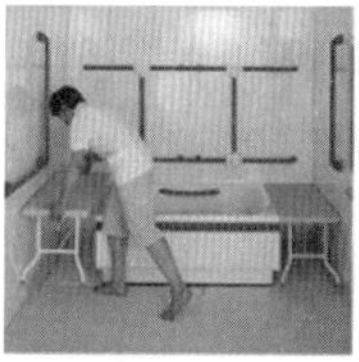

①移乗台を外す

②サイドボードを持ち上げ外す

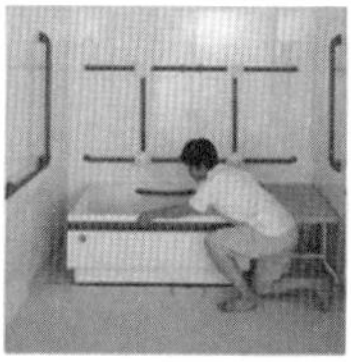

③浴槽を押しながら動かす

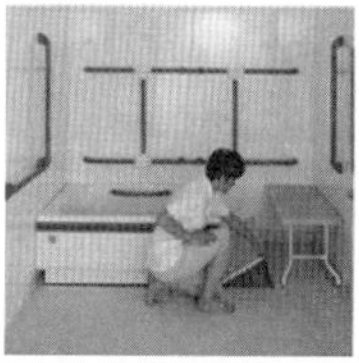

④②で外したサイドボードを設置する

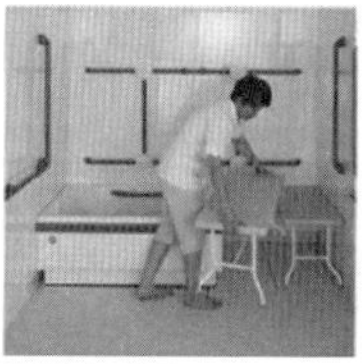

⑤移乗台を移動する

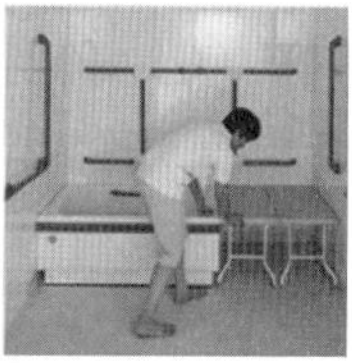

⑥移乗台を設置する

○移動型（ウェルス／積水ホームテクノ株式会社）

が可能となりますが、小規模の介護施設では難しいでしょう。

そこで、キャスターなどが取り付けられており、自在に動かせるタイプの浴槽を選ぶのがベターな選択となるはずです。これなら、片側麻痺の利用者にもスムーズに対応することができるでしょう。

利用者を見守れるようにカウンターキッチンにする

スタッフが調理を行うキッチンと、利用者が食事をとるダイニングルーム（食堂）は通常一続きになっています。

誤嚥や転倒など食事中やその前後にも事故は起こり得るので、調理や後片づけをしながらでも見守りができるように、キッチンはカウンターキッチン（対面キッチン）にすることが適切です。

それなら、万が一、ダイニングルームにいる利用者がのどに食べ物を詰まらせたよ

キッチンのイメージ図

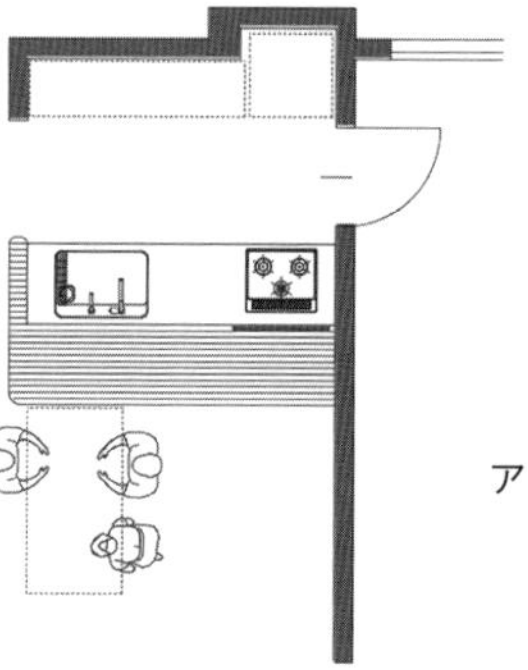

うな場合にもすぐに気づいて対処することができます。

また、キッチンを使って利用者が参加するイベントや種々の活動を行うこともあるでしょう。

例えば、私の施設ではキッチンを使ってパン教室を開いたり、手作りのおやつ会を催したりすることがあります。

さらに、地域的な特色を打ち出した活動として、岐阜県や愛知県等の名産として知られる朴葉寿司を利用者とスタッフが協力して作ることもあります。

このように利用者に料理を行わせたり、あるいは調理を手伝ってもらうことがあるのならば、アイランドキッチン型のカウンターキッチンを選択することが望ましいかもしれません。

アイランドキッチンは、仕切りも壁もないのでより広いスペースを確保できますし、開放感も感じられます。複数人で作業をしていても窮屈さを感じることがなく、利用者、スタッフともに心から料理することを楽しめるはずです。

多目的ルームがあればいろいろな用途に使える

施設の中に特に用途を限定しない多目的ルームが一つあると、さまざまな用途に使えて便利です。

例えば、レクリエーションやリハビリ、イベントなどの会場として、また職員全員が集まって会議を行う場合やスタッフの休憩場所、外部の業者との打ち合わせなどにも利用することができるでしょう。

多目的ルームやあるいはリビングなどの共用スペースを使って行う活動の具体例を挙げると、私の施設では音楽療法やリハビリ体操などを行っています。

多目的ルームの活用例

介護施設の多目的ルームやリビングなどの共用スペースではさまざまな活動が行われる。

音楽療法では歌などの練習もします。地域の幼稚園の園児たちが施設に歌を歌いに来たときにはお返しで歌を歌ったりなど、利用者がより熱心に取り組めるよう目的意識を持たせることに努めています。

また、地元の七夕祭りで飾られる短冊作りを行うこともあります。こうした地域とつながる活動を通じて、利用者が自身も社会の一員であると強く実感でき、自立の促進や活動領域の広がり等の効果がもたらされることを期待しています。

居室の広さを考える

居室は施設利用者にとってもちろんプライバシーを確保できる場として重要ですが、他方で、その場所から一歩も動かなくなるような状態が生まれるのは決して好ましいことではありません。

社会性の維持や自立性の促進という観点からは、なるべく室外へ出て活動領域を広

居室の関連図

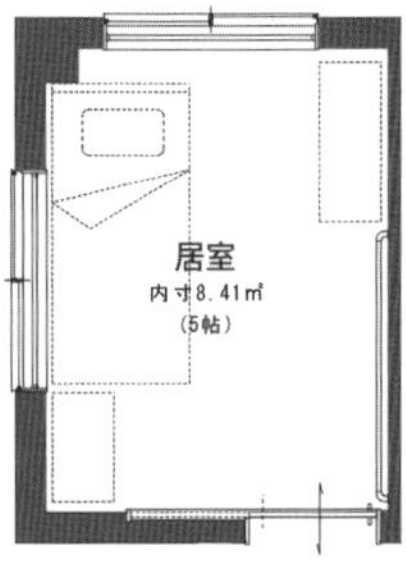

〈最低限のスペース〉
移動距離が短く、転倒事故を軽減
共有スペースでの活動を誘発する

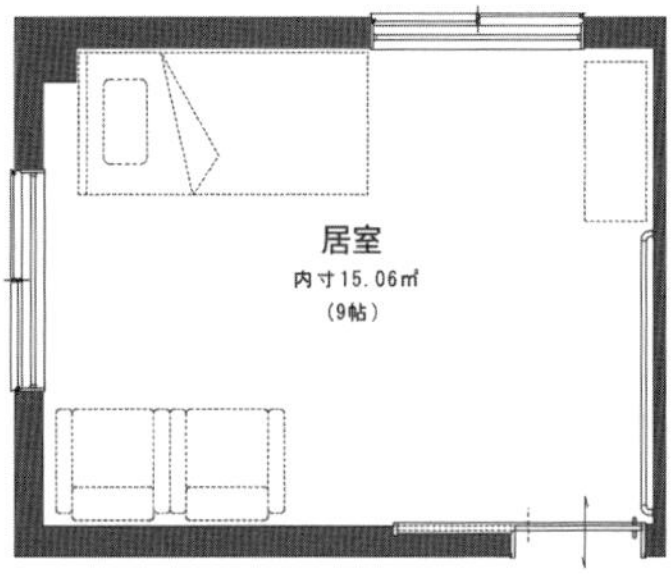

〈広めのスペース〉
移動距離が長く、転倒事故のリスクあり
くつろぐスペースもあり室内にこもりきりになる

げることが必要です。

例えば、広い部屋の中にソファも用意されているような状況だと、様子を見に来た家族などへの応対もそこで行えてしまいます。そうなると、入居者が居室を出る機会がほとんどなくなってしまうかもしれません。

ちなみに、私の会社の運営する施設では、「できるだけ部屋を出てほしい、共用スペースで活動してほしい」という思いから、居室は最低限の広さにしています。

また、このように部屋を広くしないようにすることによって、転倒防止のメリットも期待できます。

左ページのグラフが示すように高齢者が住

住居内の事故の表

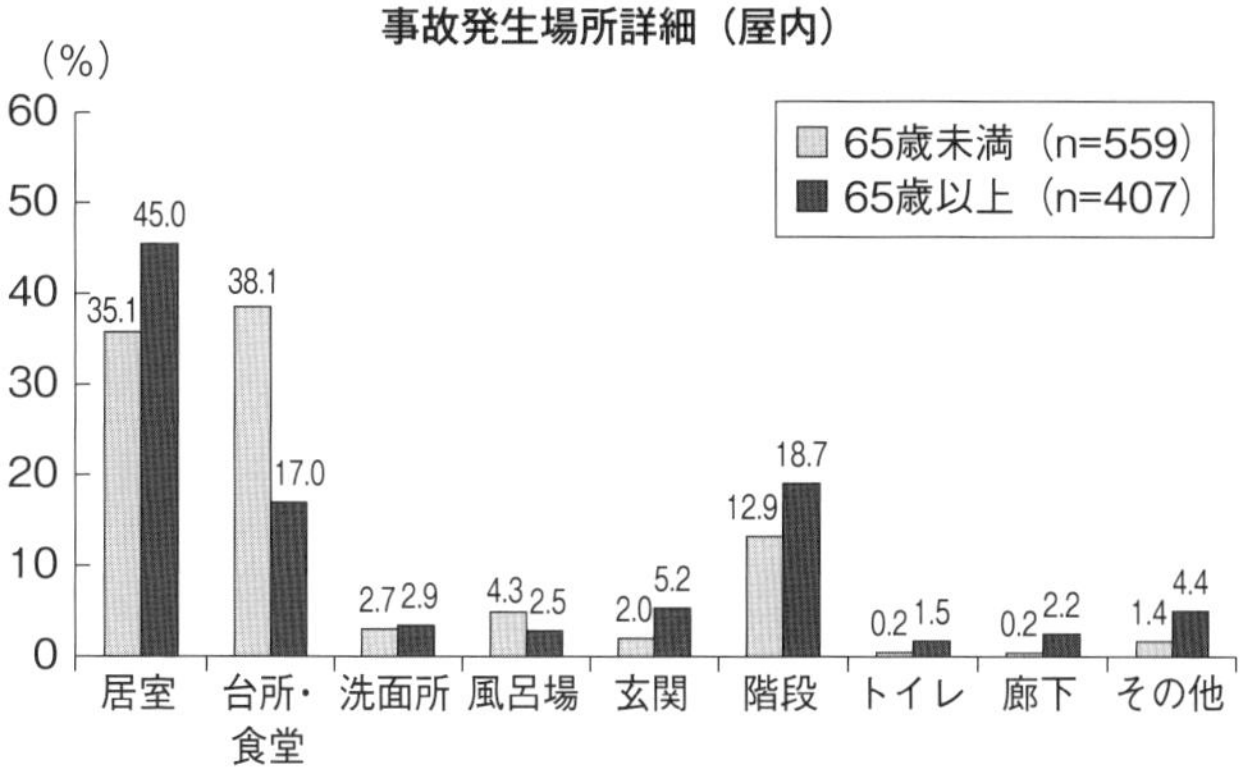

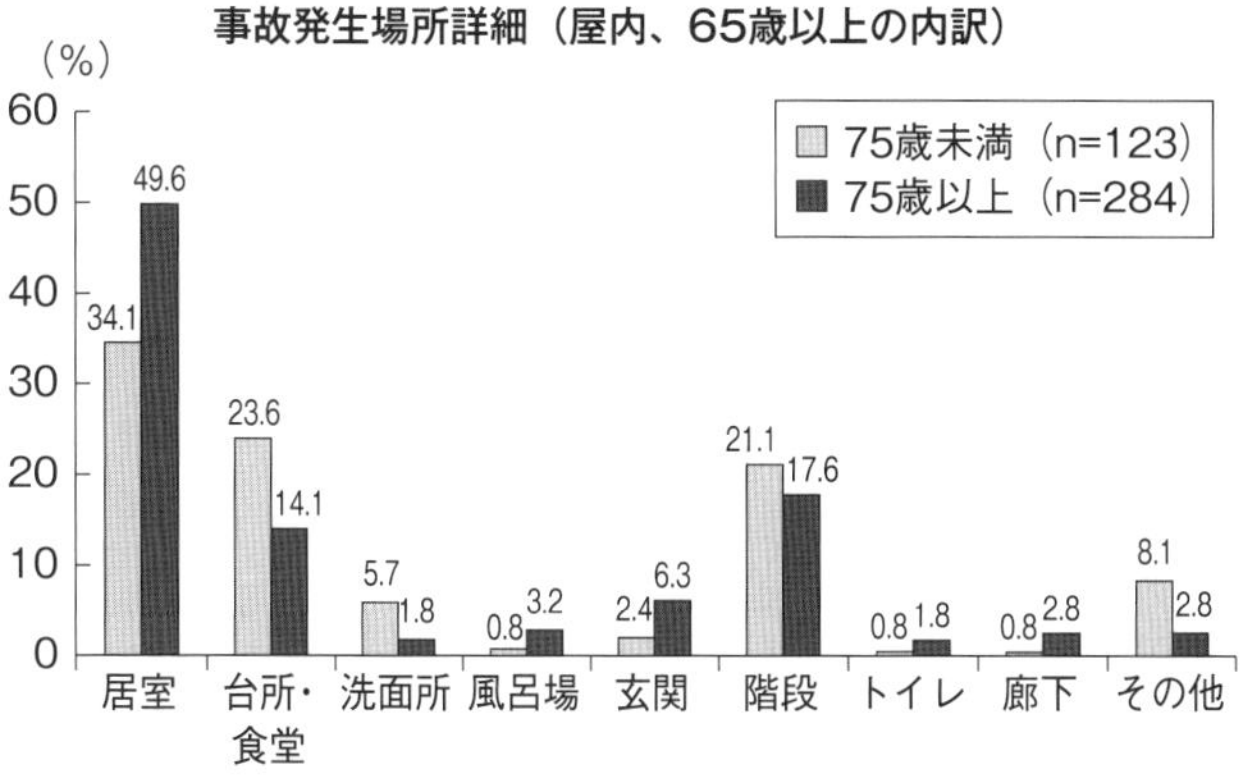

出典：独立行政法人国民生活センター「医療機関ネットワーク事業からみた家庭内事故―高齢者編―」

宅内で事故にあう場合、最も多い場所は居室となっています。部屋が広過ぎると、室内でよろめいたりしたときなどに、つかまるところや寄りかかるところがなく、そのまま激しく転倒してしまうおそれがあるのです。一方、部屋が適度な広さであれば、つまずいたりしたときも壁が支えの役割を果たして、一気に倒れるような事態を防げるかもしれません。

共用スペースはできるだけ広くとる

ことに、グループホームの場合は、基本的に居室はもっぱら睡眠に利用されることになるので広さはそれほど必要ありません。

むしろ、個々の部屋を小さくして、それによって生まれた余剰の空間を、リビングなどの共用スペースに充てて活動エリアを少しでも広げることが望ましいでしょう。広い空間があれば、利用者はそれぞれそこで自由に好きなことができます。

積極的に何かの作業などをする人もいれば、そうしたほかの人の様子を隅に座ってじっと見ている人もいる。そして、スタッフは、利用者を遠くから見守っている――そのようなゆとりのある空間をつくるためには、やはりある程度の面積が必要であり、居室をあえて小さくすることによってそれを実現するという選択も十分に考えられるのではないでしょうか。

また、私の施設で入居者の家族に聞き取り調査を行った際に、「部屋が広いと賃料が高くなるので、狭くても構わない」という意見も得られています。

このように居室の広さに関してはさまざまな考えや見解があるところです。少なくとも「広ければいい、狭いからダメ」といえないのは確かでしょう。

リネン庫・手洗いにも配慮する

見落とされがちですが、タオル等のリネン類を収納するために使うリネン庫に関しても、設計の際には周到な配慮が求められます。

具体的には、十分な収納力と使いやすさを考えることが大切ですし、また特に気をつけたいのは場所をどこにするかです。タオルやシーツなどを運ぶ距離が長くなれば、それだけスタッフの負担が増えることになるので、できるだけ浴室や居室などの現場から近い場所に設けることを心がけましょう。

このように、スタッフの負担を軽減するための配慮は施設各所に関して行うことが可能でしょう。

例えば、手洗いの介助は、真横からなどさまざまな位置から柔軟な形で行えるようだと、よりスムーズになります。そこで、私の会社では3、4人が横に並んでサポートできるような水槽の形をした手洗器を設置しています。

ほかにも、ひじで押せば水が出る水栓を使うなど、水回りに関しては、スタッフの作業量の軽減につながるさまざまな工夫が考えられるところでしょう。

リネン庫の位置図

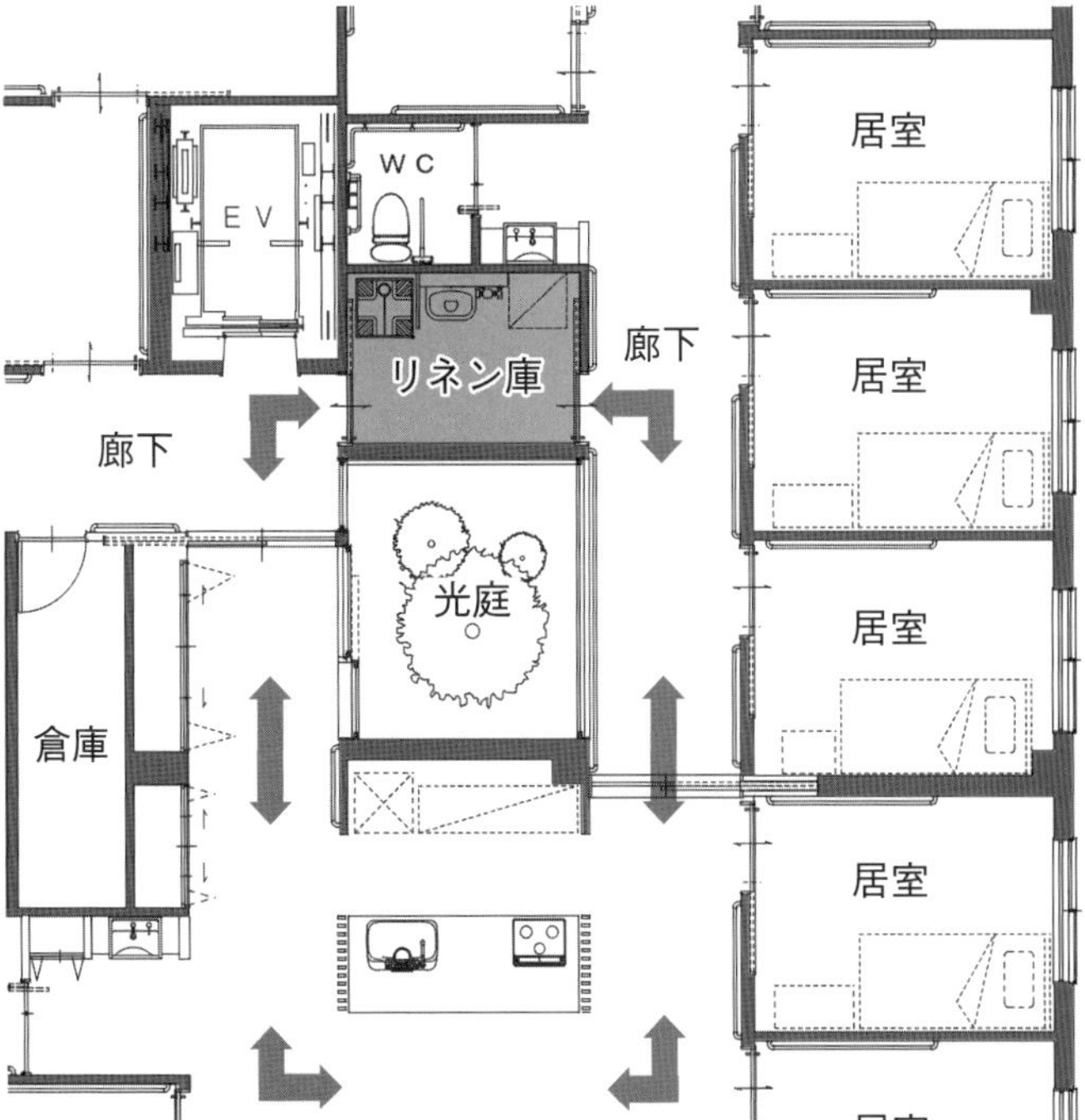

スタッフがくつろげる場を用意する

スタッフの働きやすい環境をつくるという見地からは、現場から離れて休憩できる場所をなんらかの形で用意することも必要になります。

利用者と一日中向き合って介護の仕事に神経を集中させる状況が続くことは、心身に大きな負担となります。仕事から離れて息を抜ける時間がなければ大きなストレスを抱えることになりかねません。

最も理想的なのは専用のスタッフルームを設けることでしょうが、スペース的に難しいのであれば、多目的ルームや会議室などを、適宜、スタッフの休憩場所として利用することも考えられます。

休憩用のスペースを設けた場合には、コーヒーメーカーを置いて好きなときにコーヒーを飲めるようにしたり、冷蔵庫なども自由に使えるようにする、テレビを置くなど、少しでもくつろげる場に整えることも大切です。

なお、共用スペースなどにマッサージ機を置き、利用者はもちろんスタッフも利用できるようにするのもお勧めです。私の会社の運営する施設では実際にそのような取組みを行っており、スタッフからは意外なほど好評を得ています。

PART 6 快適な空間をつくる施設設計10のキーワード

ここまで述べてきた施設設計のポイントを、人の生活の基本である衣、食、住の3つに、さらに楽、光、風、庭、自然、安全、安心の7つを加えて10のキーワードで以下のように表してみました。

①快適な空間づくり

従来の病棟スタイルをI型とした場合に対して、L型またはT型のほうが、直視されないためプライバシーを守れ、かつ空間に変化があるため、日常飽きのこない生活空間となっています。

また、動線が見た目以上に短く感じられ、入居者やスタッフも心理的な違和感もなく、住宅にいるような感覚で自然に活動的になるでしょう。

②食べる意欲の出る空間づくり

毎日の食事は大きな楽しみであり、また、健康を維持するためにも必要不可欠なものです。食べる意欲を引き出すためには、安心安全な食材と、カロリー計算に基づく健康食など食そのものにこだわることに加えて、空間デザインが大切になります。具体的には、暖色系の明るい照明や、嫌な臭いの空気の流れを一方向で換気する換気システム、計算された快適な空調や落ち着いた見た目のインテリア空間などが挙げられます。

③住まう空間づくり

「終の棲家」として、施設であっても住宅らしさを持っているか?

外観を意識して建物のシルエットは切妻で形作ることを気にしています。形状としては、切妻、片流れ、箱などのデザインが一般的です。大切なのは、夕闇の中、外に立ち、暗くなった建物の外観を見上げたときにそのシルエットが切妻であること。そこに住宅らしさが出ているのではないでしょうか？

建物に威圧感が出ないようにあえて低層階にしたりもしています。

④楽しい空間づくり

「終の棲家」として、利用者が日々自分らしく楽しく暮らせるためには、自分の居場所があることが必要です。それをつくるためには仲間や家族、スタッフとの関わりも重要になります。

⑤光溢れる空間づくり

天気の良いときには、いつも光溢れるような空間づくりを計画しています。

そのために、建物内部に中庭、坪庭、光庭、通り庭を設けることで光を入れる工夫をしています。

⑥風かおる空間づくり

風は季節を運んできます。できるだけ自然な形で風が流れる空間づくりをしています。風は空気の流れです。深い軒を出すことで、影ができ、空気に温度差ができることで対流を起こし風が生まれます。その風も室内に取りこみ嫌な空気を一方向に流します。そうすることにより澱みなく部屋の空気が浄化されます。

⑦庭のある空間づくり

生活に潤いを与える意味でも庭の存在価値は大変に重要です。それは、街の中心であろうが、郊外の田舎であろうが、人間が住まう場所であれば同じです。

ただ、街の中心部などにある施設の場合には、庭を用意することはどうしても難しいかもしれません。そのようなケースの場合、私の会社の施設では、疑似体験の形にはなりますが、造花を使い、外と内をつなぐ庭の機能を持たせて「かべ庭アート」として庭のある空間を創造します。

⑧自然に自身を感じる空間づくり

「自然に自身を感じる空間」とは何か？　昔から感じてきたもの、木の香りであったり、古いアンティークな置物であったり、その人その人が違和感なく自分自身の存在感を感じる空間のことです。その人なりの歴史をヒアリング等を通じて知り、空間づくりに活かします。

⑨安全な空間づくり

防犯、防災などセキュリティーの完備した空間をつくることが大切です。

先述したパニックドアのほか、例えば停電時に備えソーラー発電の導入や、災害時に復旧が早いといわれるＬＰガスを導入し、安全な空間をつくります。

⑩安心な空間づくり

包まれたような落ち着いた空間づくりを目指し、バリアフリーで障壁のない安心空間を創造しましょう。

私の会社では、この10のキーワードに示された空間づくりを目指すべき理想の介護施設の姿として取り組んでいます(敷地・形状などの制限もあるので、常にすべてを実現できているわけではありませんが……)。

ぜひ、今後の施設設計の参考にしてみてください。

コラム

スタッフ教育のポイント

介護施設における人手不足の問題は、スタッフ教育のあり方と大きく関わってきます。採用した職員をしっかりと育てることができなければ、結局は人が確保できない状況と変わりなく、施設運営に支障が生じてしまうでしょう。

では、スタッフを教育していくうえではどのようなポイントを意識しておくべきなのでしょうか。

まず、採用したスタッフがそれまで介護の仕事にまったくついたことがないのであれば、「人の世話なんて本当に自分にできるのだろうか。失敗したら大変なことになるのでは……」などと強い不安を抱いているはずです。そこで、そうした懸念を払拭して、仕事に対して前向きな気持ちになれるよう、全面的にサポートすることが必要です。例えば、20代前半の女性を新たに雇ったら、同じ世代の女性スタッフをサポート役にして、仕事や職場に対する疑問や悩みがあれば気軽に相談できるようにするなど、最大限にバックアップする姿勢を見せることが求められます。

最近の事例ですが、私の会社で実際、異業種から転職してきた女性に対してこのような取組みを行ったところ、「介護の仕事は楽しい」と今はすっかり職場になじんで、現場でイキイキと働いています。

また、介護職員のキャリアプランとしては、現場でずっと働き続けるか、あるいは管理職や施設長などのマネジメント職を目指すという二つの選択肢があります。

後者のマネジメント職を目指すスタッフに関しては、そうしたキャリアアップを積極的に後押しする体制や仕組みを整えることも大切でしょう。

具体的には、マネジメント職に求められるスキル・能力や知識、ものの考え方などを養える課題を与えて、なおかつそれをクリアできるように、適切な助言や指導を行うことが必要です。「自分にはとても無理だ」などと自信を失わせずに着実にステップアップしていけるよう、周到かつ慎重な育成プラン（人事考課制度など）を策定しましょう。

とりわけ若い人のなかには責任ある地位につくことを嫌がる傾向がみられます。施設を中心になって支える将来の幹部候補を確保するためにも、これはと思った人材には早くから働きかけ、選抜メンバーとして管理職や施設長への道に進むよう促し、長期的な視点から育てていく取組みが求められるでしょう。

コラム

高齢者スタッフを活用するためには

「はじめに」で述べたように若手人材を採用することが難しくなるなか、高齢者が貴重な戦力となっている介護施設は珍しくありません。これから介護ビジネスを始める事業者のなかにも、高齢者を雇用するところは少なくないはずです。

そこで、高齢者を活用するうえでおさえておきたいポイントや注意点などについても触れておきましょう。

そもそも介護施設は、高齢者等の介護を目的とした施設であるゆえにバリアフリーの設計になっているなど、他の業種に比べ高齢のスタッフが働くのに適した作りになっているといえます。

ただ、リネン庫や事務所などのように、利用者の利用が想定されておらず基本的にスタッフしか立ち入らないような場所に関しては、高齢のスタッフが働きづらく感じるところがあるかもしれません。

もしそうだとしたら、高齢者が働きやすくなるための設計上の配慮や工夫が必要となるでしょう。具体的には、ものがより見やすくなるよう照明を明るくする、表示を分かりやすくするなどの対策を講じることが求められます。

また、当然のことですが、高齢者の体力やパフォーマンス、判断力等は若いときに比べて低下しています。最近は80歳、90歳になっても元気なお年寄りが多い印象ですが、過信は禁物です。

オーバーワークにならないよう、高齢者スタッフに対しては労働時間の管理などを十分に行い、休憩もしっかりととらせることが大切です。

それから、作業中に不測の事態が起きたときのために、緊急用の連絡網を作成し伝えておくことも必要です。

その際、「何かトラブルがあった場合には、○○さんに連絡してください」と報告相手はできるだけ一人に絞りましょう。また、その場合に必ず連絡の取れる上長も合わせて伝えます。これなら、高齢者でも問題なく覚えられるはずです。

「Aさん↓Bさん↓Cさん」などというように複数人の氏名が記載された連絡網をそのまま渡してしまうと、「あれ、Aさんに伝えるのだろうか、それともBさん? Cさん?」などと混乱してしまう危険性があります。

コラム

外国人スタッフをマネジメントするうえで配慮すべきこと

先のコラムでは高齢者の活用について取り上げましたが、外国人スタッフのマネジメントに関してもこれからの介護ビジネスでは十分に考えておくことが必要です。

まず、外国人を職員として雇う場合、常に意識しておかなければならないことは「習慣に配慮すること」です。外国人は日本人とは異なる生活習慣を持っています。日本の習慣を一方的に押し付けるのではなく、外国人スタッフの母国の習慣を尊重しなければなりません。とりわけ、宗教に関わる習慣に対しては最大限の配慮が求められます。

例えばイスラム教徒であれば、1日に5回の礼拝を行います（シーア派は3回）。したがってイスラム教を信仰する外国人を雇用するのであれば、礼拝用のスペースをなんらかの形で施設内に用意することが必要です（会議室を転用するなど）。

また、食への気遣いも求められます。よく知られているようにイスラム教徒は豚肉を食べることが禁じられています。そのため施設内で外国人スタッフに食事を提供するのであれば、いわゆるハラール食(イスラム法で許されている食材や料理)への対応が求められることになるでしょう。

もちろん、住まい等の生活環境に関しても十分に安心できる形で整えなければなりません。アパート等を手配するにしても、トラブル等をおそれ外国人に貸すのを嫌がるオーナーは多いので、そうした懸念を取り除くための努力も求められます。

さらに、仕事や生活等に関して困ったことや知りたいことなどがあれば、なんでも気軽に相談・質問できる相談員を日本人職員のなかから選んで担当をつけることもお勧めします。できれば、性別が同じで年齢も近い〝仲間〟と呼べるようなスタッフが良いでしょう。上長が相談員だと、聞きづらいことや遠慮してしまうこともあるかもしれません(もちろん上長に気兼ねなく相談できるような環境づくりは行うべきです)。

それから、職場になじめるように、外国人スタッフが気軽に参加できるような社内イベントを開くことも効果的です。例えば私の会社では最低でも年に2回は食事会や旅行などを催しており、これまでバーベキューやイチゴ狩りに行ったり、富士山や京都などを観光してきました。そのような機会に「なぜ日本に来たのか」「母国と日本の文化はどこが違うのか」などといったことを話しながら、同僚や先輩らとコミュニケーションを取り合うなかで、日本人スタッフとの関係が深まり、外国人スタッフの職場への愛着が強まる効果がもたらされていると実感しています。

第3章

〜入居者・職員に〝選ばれる〟介護施設へ〜
4つの設計事例

1 我が家のように過ごせるグループホーム「うららびより奥町」

【施設の種類】

グループホーム、小規模多機能ホーム

【開設】

2007年8月（グループホーム）

同　12月（小規模多機能ホーム）

【所在地】

愛知県一宮市奥町

【サービス提供地域】

愛知県一宮市

うららびより奥町

外観

外観（夜景）

二つの介護施設が同じ場所にあるから生活環境の変化を最小限におさえられる

2004年4月に開設した「うららびより関」や2005年4月にオープンした「うららびより金山」など、私の会社では過去にグループホームを単独で開設したことがありました。

この「うららびより奥町」では、グループホームとあわせて小規模多機能ホームも設置しています。

このようにグループホームと小規模多機能ホームが同じ場所にあることは、利用者にとって非常に大きなメリットがあります。

具体的に述べると、小規模多機能ホームでデイサービスやショートステイなどの介護サービスを利用していた軽度の認知症の利用者が、より高いレベルでの介護が必要となった場合、グループホームに移らなければなりません。

そのときに小規模多機能ホームから離れた場所にあるグループホームに入所してしまうと、リロケーションダメージを受けるおそれがあります。生活環境が変わることによるストレスや不安などによって、心身に大きな負担がもたらされる危険があるわけです。

しかし、小規模多機能ホームと同じ場所にあるグループホームであれば、利用者の生活環境の変化を最小限におさえることができます。

ことに私のところでは、二つの施設を日ごろから一体的な形で運営するよう努めているので、ほとんどの利用者が大きな違和感を感じることなくグループホームに移ることができます。

両施設の利用者の相互交流も盛んであり、グループホームに入居したのち、「部屋の住み心地はどう？　元気にしている？」などと、小規模多機能ホームで一緒だった利用者が親しく訪ねてくることも珍しくありません。

また、二つの施設のスタッフが密接な協力関係を築きながらサービス提供に取り組んでいます。

例えば、合同で遠足などのイベントなども開催しています。

最近の例を挙げると、2019年11月には、小規模多機能ホームとグループホームの利用者、スタッフで、岐阜県揖斐川町の温泉施設に出かけました。温泉の入口の前で撮影した集合写真には、うれしそうな笑顔を浮かべた利用者の方々の姿が写っています。こうした利用者にとって楽しい思い出をこれからも一つひとつ積み上げていけたらと願っています。

制度が認知されておらず利用者獲得に苦労する

「うららびより奥町」は、小規模多機能ホームの制度がスタートしたばかりのころに立ち上げました。

そのため、小規模多機能ホームの存在がまだあまり一般的に知られておらず、ケアマネジャーなどの介護関係者も「小規模って何？　デイサービスに泊まりがついてい

利用者と温泉施設へお出かけ

外出先での食事の様子

るの？　訪問もやってくれるの？」といった怪訝そうな反応で、利用者を獲得するのに少なからず苦労したところがありました。

施設のスタッフが、地元の公民館で説明会を開くなどして、手間と時間をかけて少しずつ認知度を高めていったのです。

そうした苦労の甲斐もあってか、おかげさまで現在はグループホームは満床、小規模多機能ホームの利用も多くなっています。

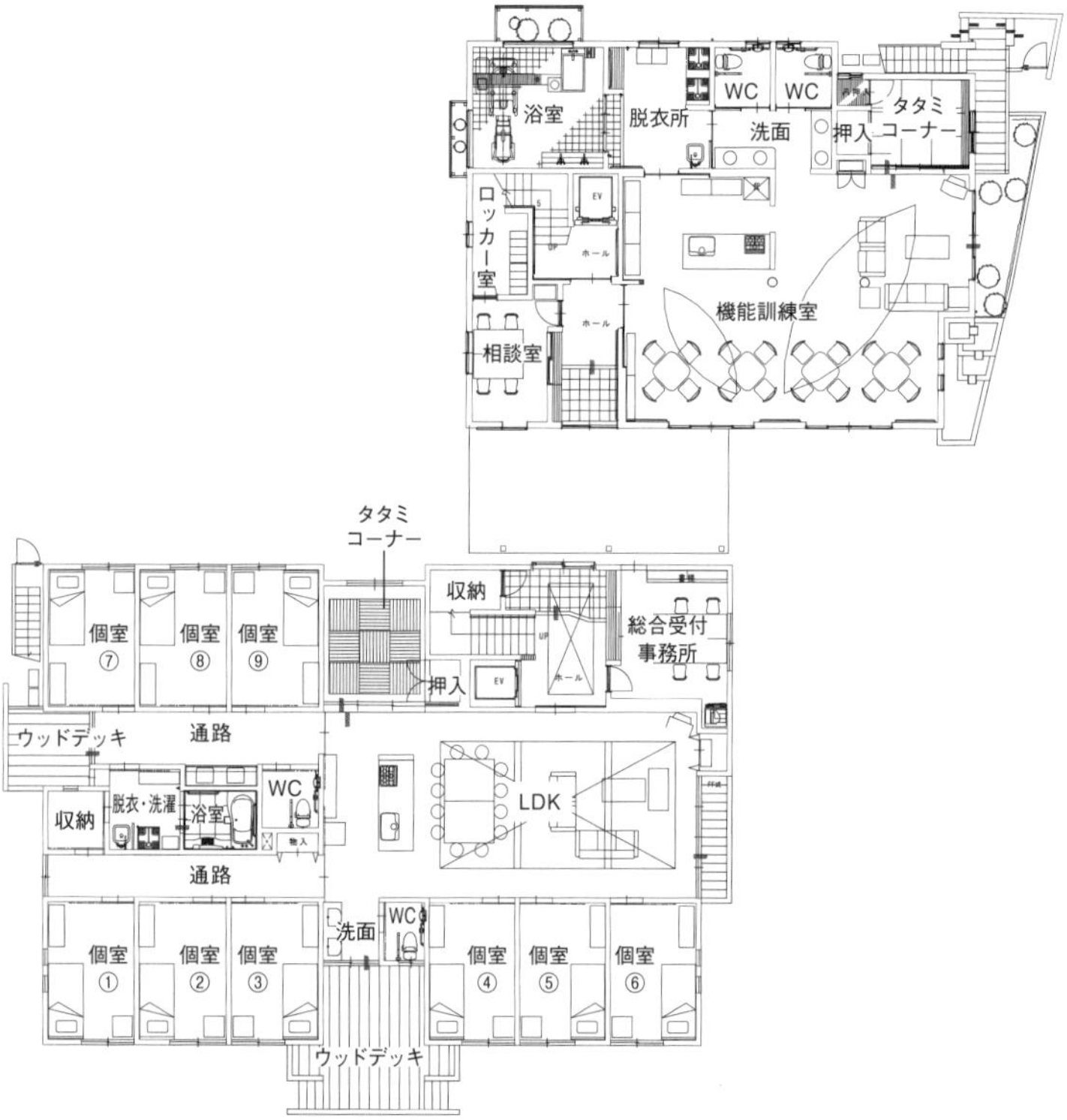

うららびより奥町　１階平面図

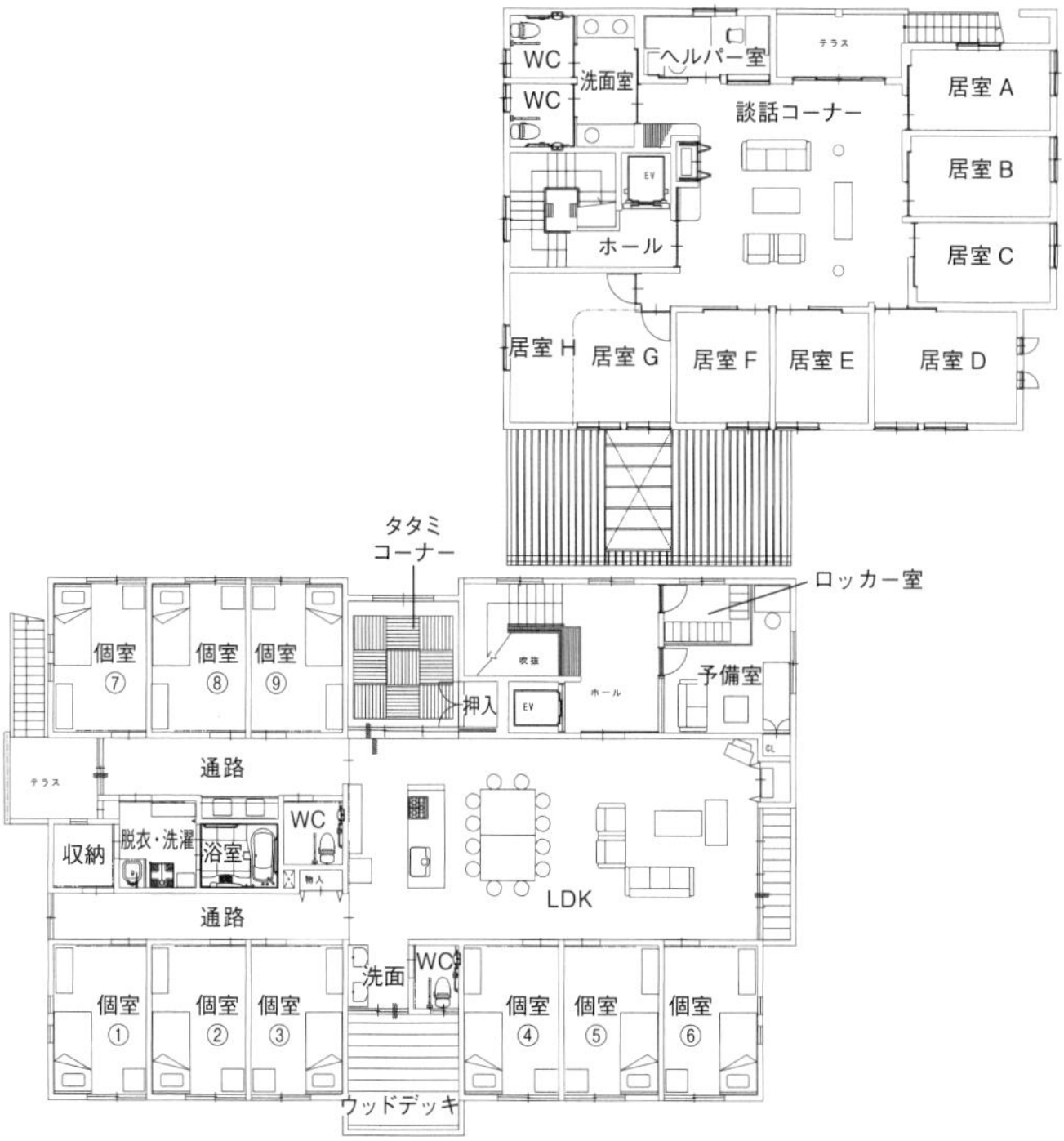

うららびより奥町　2階平面図

2 スタッフの作業効率を優先したプラン「うららびより柳津」

【施設の種類】

小規模多機能ホーム、住宅型有料老人ホーム

【開設】

2011年3月

【所在地】

岐阜県岐阜市柳津町

【サービス提供地域】

岐阜市

うららびより柳津

外観

正面玄関

和風デザインの外観にして買い物客にアピール

「うらびより柳津」は、ショッピングモールのイオンに近接した形で建てられています。竣工したのは東日本大震災の発生からまだ間もないころであり、当時、私の会社のブログで、以下のような完成報告を行いました。

「岐阜県岐阜市柳津町にて、小規模多機能ホームと住宅型有料老人ホームの複合施設である『うらら柳津』が完成致しました。

本施設は、「上質なやすらぎ生活空間」をコンセプトに、厚生労働省が定める施設基準の約2倍の広さを確保した宿泊室、床暖房設備、開放的な多目的ルーム、落ち着きのある和風デザインの外観とさせていただきました。

また、看護・介護スタッフと協力医療機関との連携による24時間365日サポートも備えており、ご家族にも安心していただけるようになっております。

近年では、行政が老人介護施設の建設に対して助成金を出すなどしてバックアップをしておりますので、老人介護施設は今後も増えていく見込みです。

しかし、その中でも利用者から選ばれるために、他施設とは一線を画す提案も時には必要だと考えます。

今回、本施設を設計するにあたり、私たちがいちばんこだわったのはこの点でした。最近では、ドクターが高齢者専用賃貸住宅や、有料老人ホームなどを運営してみたいというお問合せが増えています。

目まぐるしく変化する医療や介護を取り巻く情勢。

私たちも、時代の流れに置いていかれないように、法案や法改正を常に気にして見ていかないといけません」

記事の中で触れられているように、本施設は、「和風デザインの外観」となっています。商業施設のそばに建てられている介護施設は〝ビル的〟な印象を与えがちになるので、それを避けるために意識して〝住まい〟としてのテイストを強く打ち出したのです。また、ショッピングに来た人たちに「私の親もこのような施設で過ごしてほしい」などと思ってもらいたいと考え、建物の〝顔（表）〟が立派に見えるようにデザインを工夫しました。

それから、もう一つ設計上の大きな配慮として、スタッフの効率を優先したプランを心がけました。限られた人数のスタッフでも管理できるよう、動線が短くシンプルな間取りとなっています。

手軽にショッピングが楽しめることで認知症の悪化も防止できる

この「うららびより柳津」のように介護施設が、ショッピングモールなどの商業施設に近接していることにはいくつかのメリットがあります。

まず、前述のように買い物に来た人たちに施設の存在を上手にアピールできれば、高い集客効果を得られるでしょう。

さらに、大勢の人たちが集まる場所なので、施設をオープンで開放的な作りにすれば、利用者と地域の人たちとの交流の活発化も図れるはずです。

それから、利用者や家族が、生活用品など必要なものをすぐに買うこともできます。特に利用者にとって買い物をすることは、その行為自体が非常に大きな楽しみの一つであり、認知症の悪化防止にもつながるなどリハビリ的な効果も期待できます。

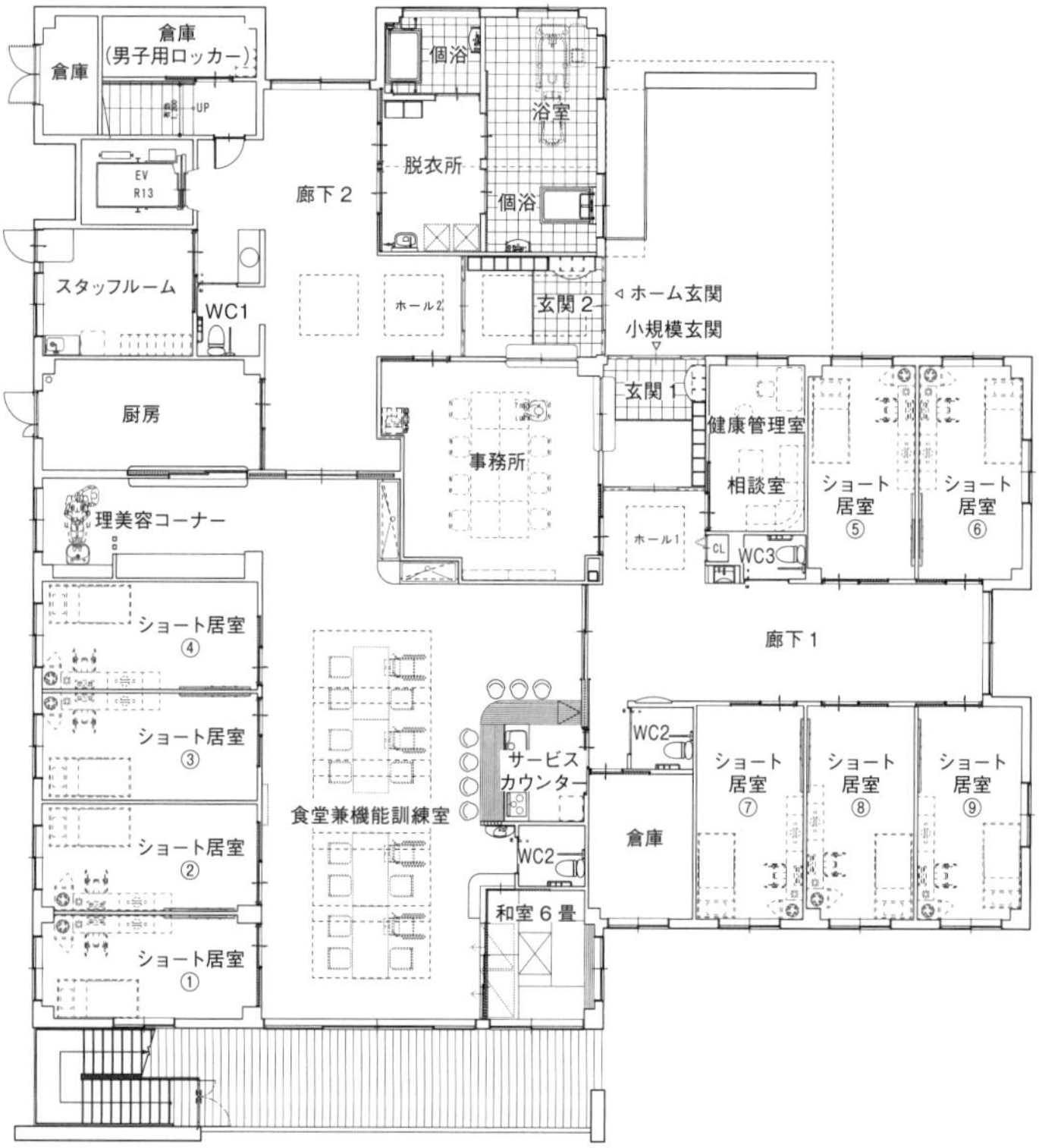

うららびより柳津　１階平面図

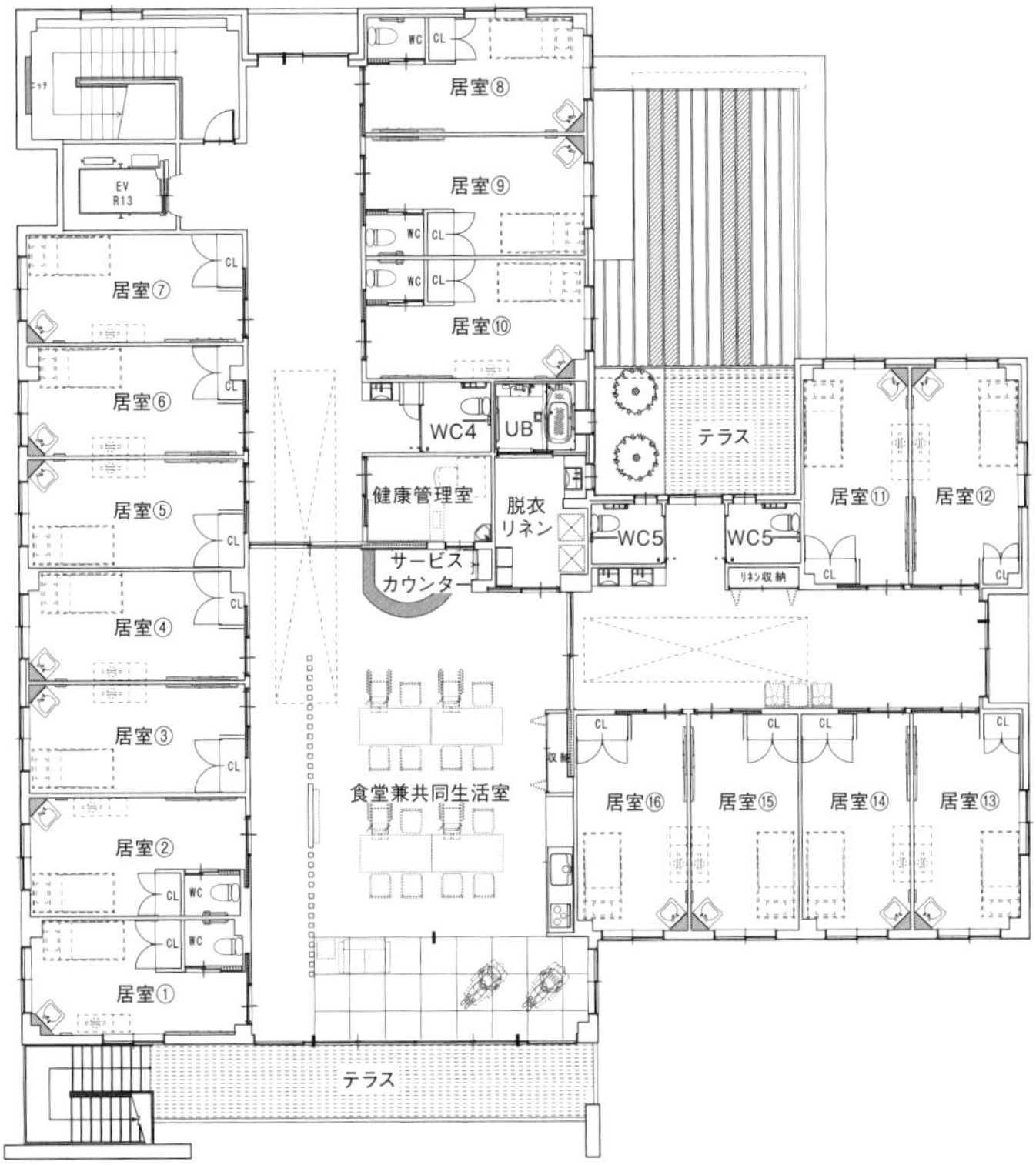

うららびより柳津　2階平面図

フードコートでの様子①

フードコートでの様子②

3 カフェと整骨院を併設した複合型施設
「うららびより羽島」

【施設の種類】

小規模多機能ホーム、サービス付き高齢者向け住宅

【開設】

2012年 4 月

【所在地】

岐阜県羽島市竹鼻町

【サービス提供地域】

岐阜県羽島市

うららびより羽島

外観（飲食店・整骨院入口）

外観

地域に開かれた介護施設を目指して複合型施設をオープン

地域に開かれた介護施設をぜひとも作りたい！——そのような強い思いを持って取り組んだのが、この「うららびより羽島」です。

具体的には小規模多機能ホームとサービス付き高齢者向け住宅に加えて、バリアフリーの整骨院とカフェを併設する複合型施設を実現しました。

介護施設の多くは、ともすれば施設外の人との交流が乏しくなり、閉鎖的な空間になりがちです。このように一般の人が利用できる医療施設や外食店を併設することにより、そこを訪れた人たちが介護施設に対して興味関心を持ち、施設の利用者と多種多様な交流の機会が生まれることを期待したのです。

また、利用者にとっては、施設のそばに整骨院とカフェがあること自体が、とても便利でしょうし、心強く感じられるはずです。体に痛みがあれば整骨院ですぐに施術をしてもらえますし、様子を見に来た家族などと気軽に外食を楽しむこともできます。

ちなみに、カフェはグループ会社によって運営されており、以下のような和食を中心としたメニューを提供しています。

①モーニングメニュー
漢方のだしで作ったお粥モーニングなど
②ランチメニュー
手作りの京風お惣菜ビュッフェ（サラダや肉じゃが、切り干し大根など毎日15種類以上のお惣菜）
③アフタヌーンティーセット
パティシエが作る本格的な日替わりスイーツなど

おかげさまで現在、カフェも整骨院も、地域の人たちを中心に広く利用してもらっている状況です。

通り庭をはじめ、自らの施設設計の理想・思想をすべて注ぎ込む

この「うららびより羽島」で行った設計上の一番の工夫は、各施設を同一の敷地内に設けてそれらを通り庭で結びつけたことです。介護施設のなかには館内にカフェなどを設けているところもありますが、そのように店が内側にある形では、外部の人に積極的に利用してもらいたいと望んでも「施設の利用者やその家族しか使うことはできないのではないか」と思われてしまうおそれがあります。

そこで、施設の外に設けることによって、「施設の関係者でなくても利用できる」ことを明確に示しました。またカフェ等を通り庭で結びつけたのは、それらが施設とともに違和感なく存在する形にしたかったからです。

さらに、サ高住の設計に関しては、すべての部屋に大きな窓を設け、十分な光量を確保できる作りにしました。

また、入居者の生活スタイルにあった形に自由にコーディネートできるしつらえになっており、開放的な住み心地のよい空間になっていると自負しております。

個人的な話になりますが、羽島は私の生まれ育ったふるさとでもあるため、「自らの施設設計の理想・思想をすべてここに集約しよう」という気持ちを持って、設計・建設に取り組みました。

そうした特別な思いが伝わったのかは分かりませんが、内覧会の段階から、他の介護施設や設計事務所などからも大勢の人たちが見学に集まりましたし、また、オープン当初から入居者がほとんど決まるという非常に幸先の良いスタートになりました。

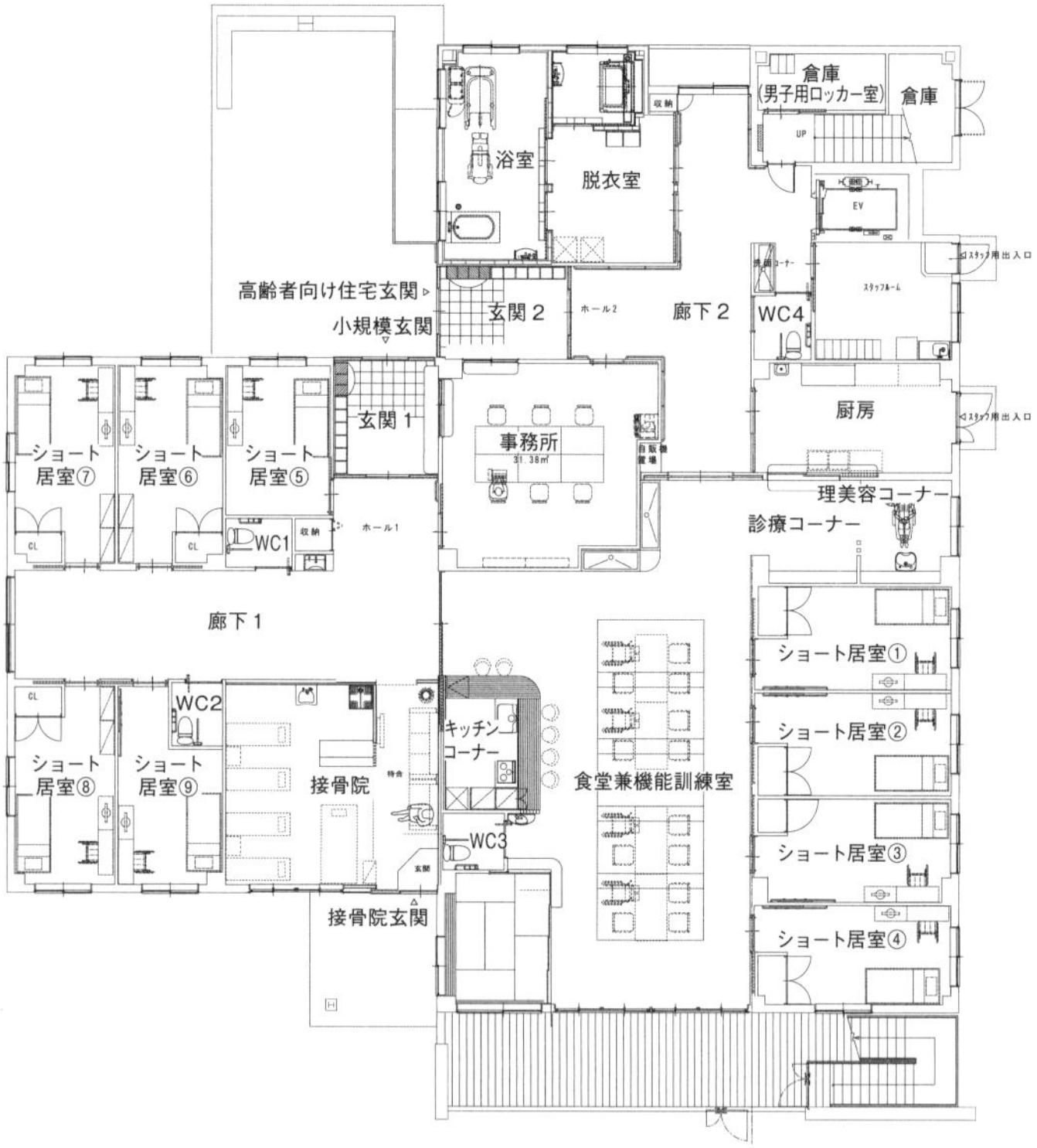

うららびより羽島　１階平面図

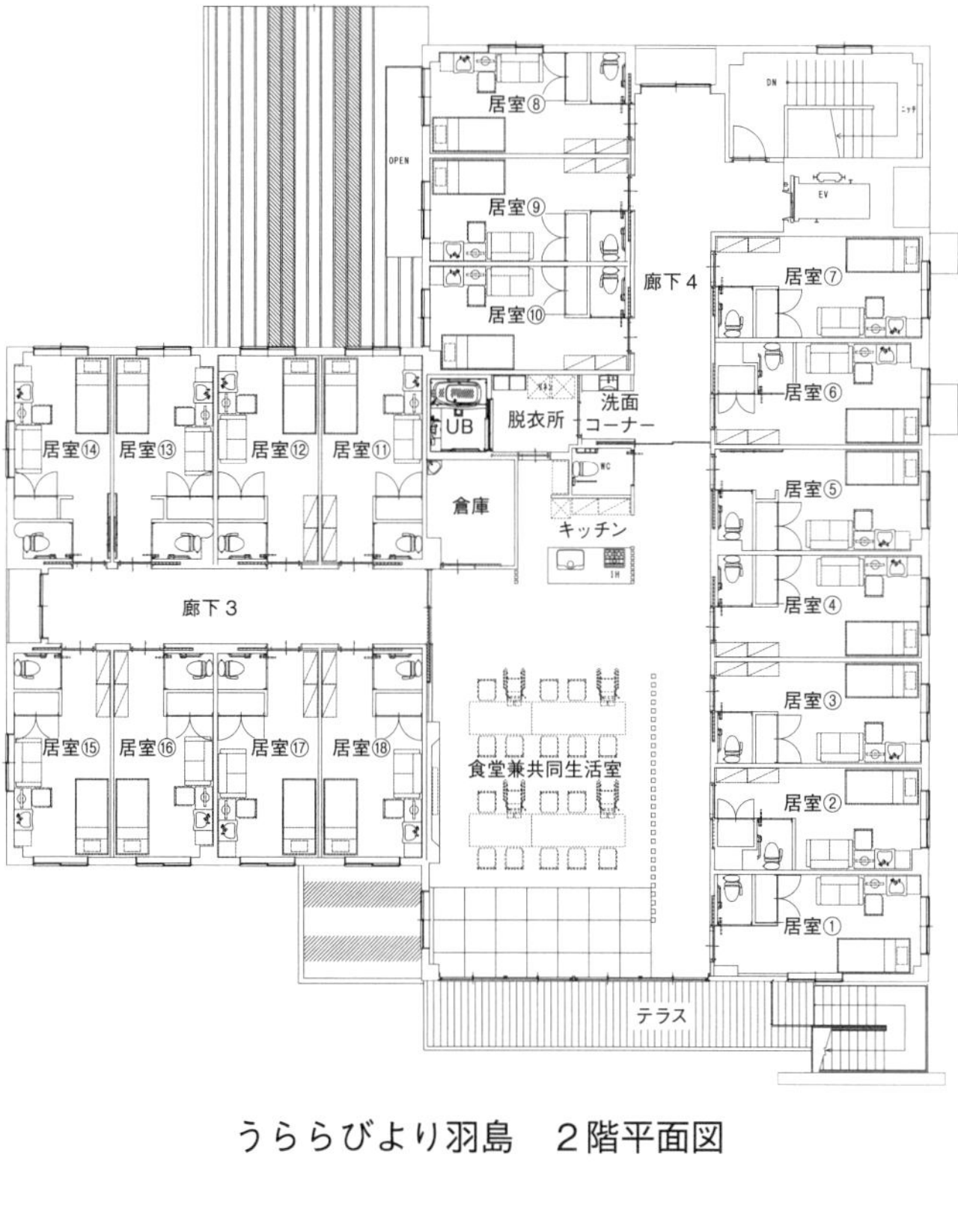

うららびより羽島　2階平面図

併設カフェの内観

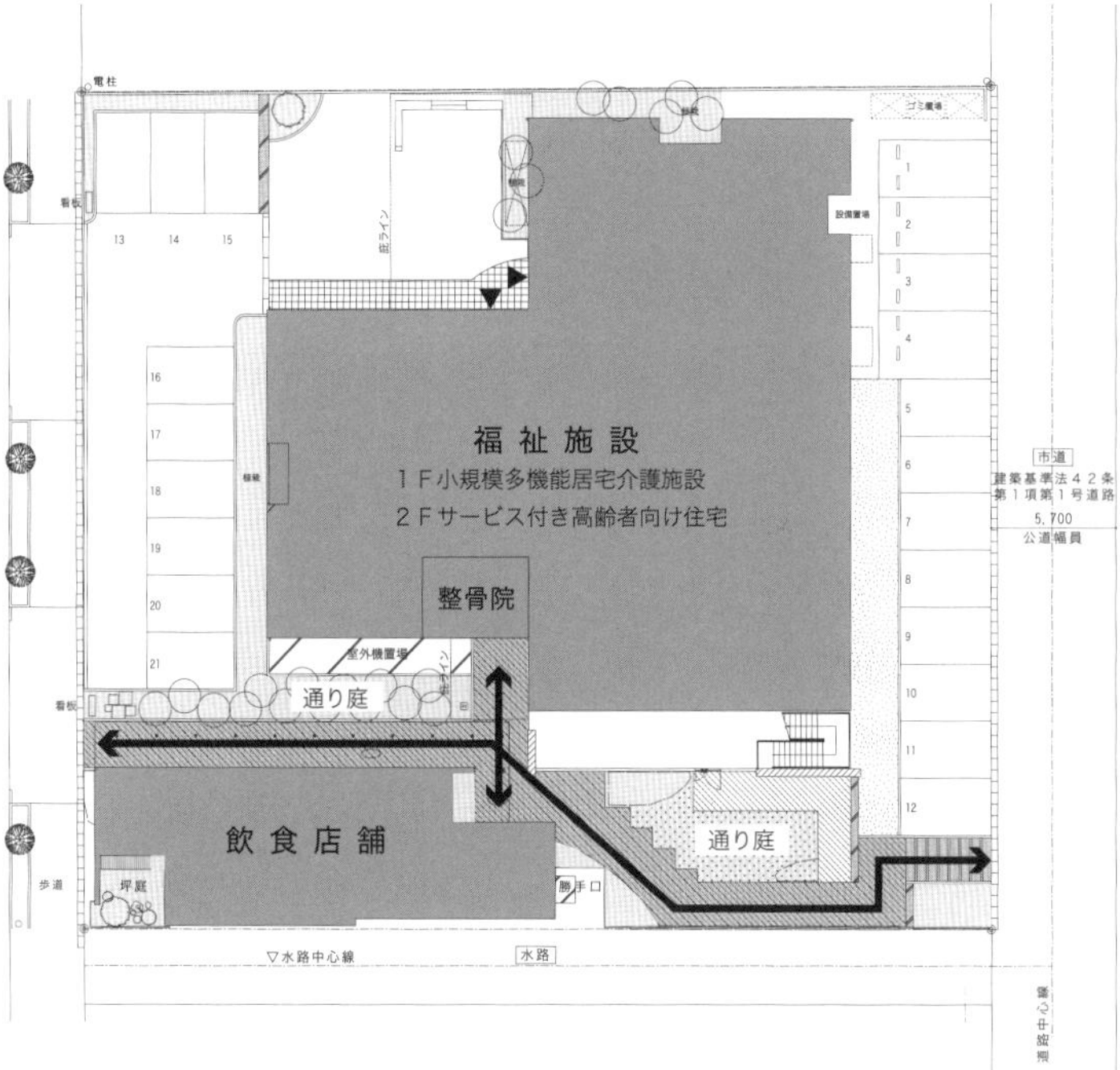

うららびより羽島　配置概念図

4 街に溶け込むデザインと外部に開かれた空間づくりにトライした「うららびより江南」

【施設の種類】

小規模多機能ホーム・グループホーム

【開設】

2014年３月

【所在地】

愛知県江南市江森町

【サービス提供地域】

愛知県江南市

うららびより江南

外観①

外観②

窓が全開になる共用スペース、大きな縁側など新たな試みにトライ

「うららびより江南」は、前述した「うららびより羽島」で行った複合型施設の取組みを踏襲しつつ、敷地の中に店を構えることを当初から明確なコンセプトとして打ち出すなど、より〝街づくり〟を意識した設計となっています。

まず、「うららびより羽島」と同じように一般の人たちも利用できるバリアフリーのカフェと整骨院を併設しました。また、それらが介護施設と通り庭で結びつけられているところも同様です。

それに加えて、いくつかの新しい試みにもトライしました。

具体的に述べると、利用者間の交流をより促したいと考えて、食堂兼機能訓練室には小上がりの畳を設置しました（前章でも触れたように、ここで利用者が囲碁や将棋を楽しむこともあります）。

また、この共用スペースに面した窓は全開になり、オープンテラスのような形で利用することもでき、この開かれた空間を通じて利用者が施設の外の人たちと触れ合うことも想定した作りとなっています。

実際、施設内で毎年行っている夏祭りなどの際には、地域の子どもらがそこから中に入ってきたりして、利用者が笑顔で子どもたちとやりとりする光景などが目にできます。

それから、大きな縁側を設けたり、外構に竹を配置することによって、和の雰囲気をさらに強めています。そうした工夫の結果、日本の街により溶け込んだ雰囲気が生まれ、利用者に〝我が家〟としての思いをさらに抱いてもらえるのではないかと考えています。

なお、併設したカフェは、うららびより羽島と同様にグループ会社によって運営されていますが、こちらのメニューはイタリアンなテイストとなっています。参考までに、グルメ情報誌で取り上げられた記事のなかから、店と料理の雰囲気が伝わる一文を引用して紹介しておきましょう。

アプローチ　縁側の夜景（左図の撮影箇所①）

アプローチ　縁側の開放（左図の撮影箇所②）

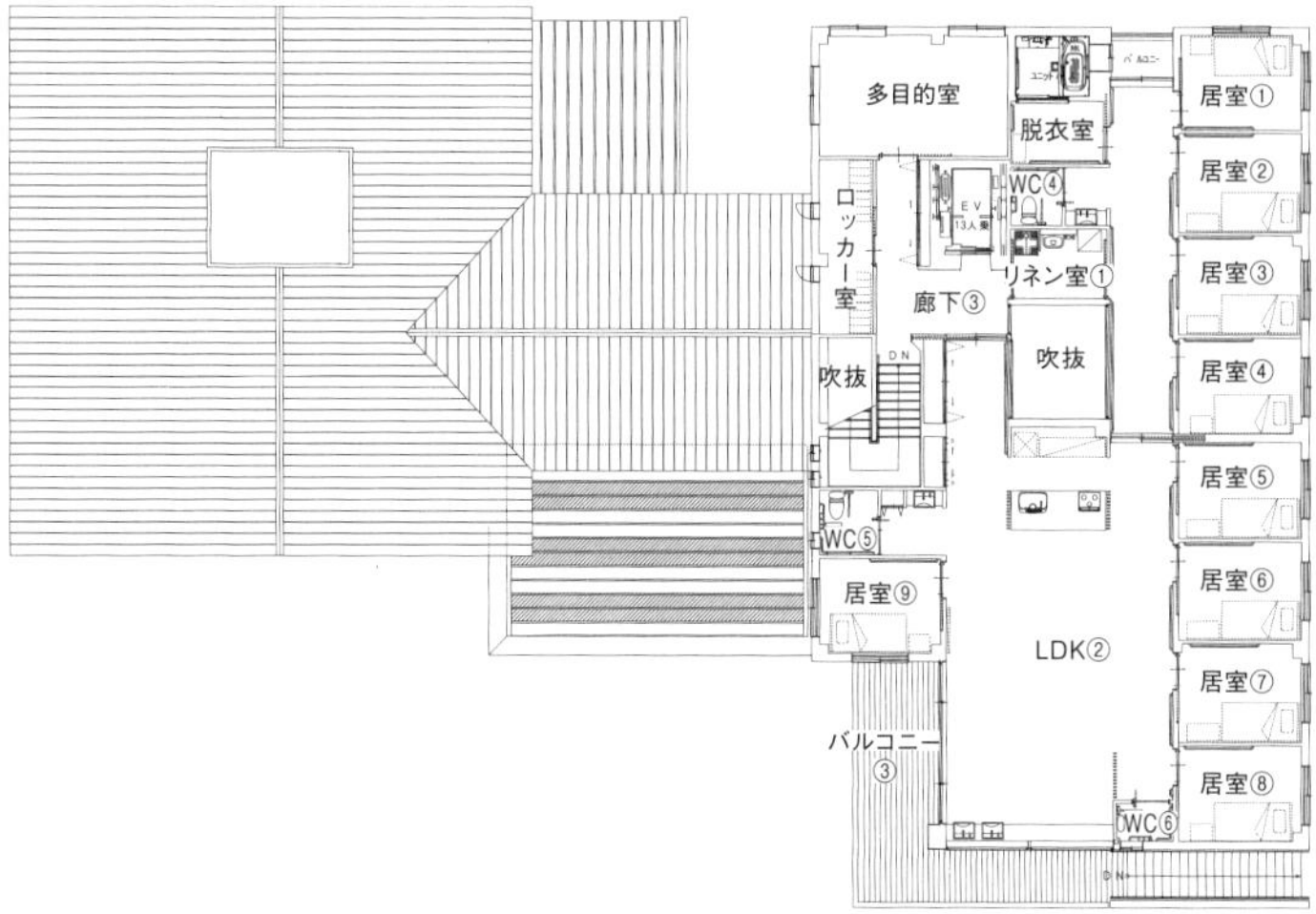

うららびより江南　2階平面図

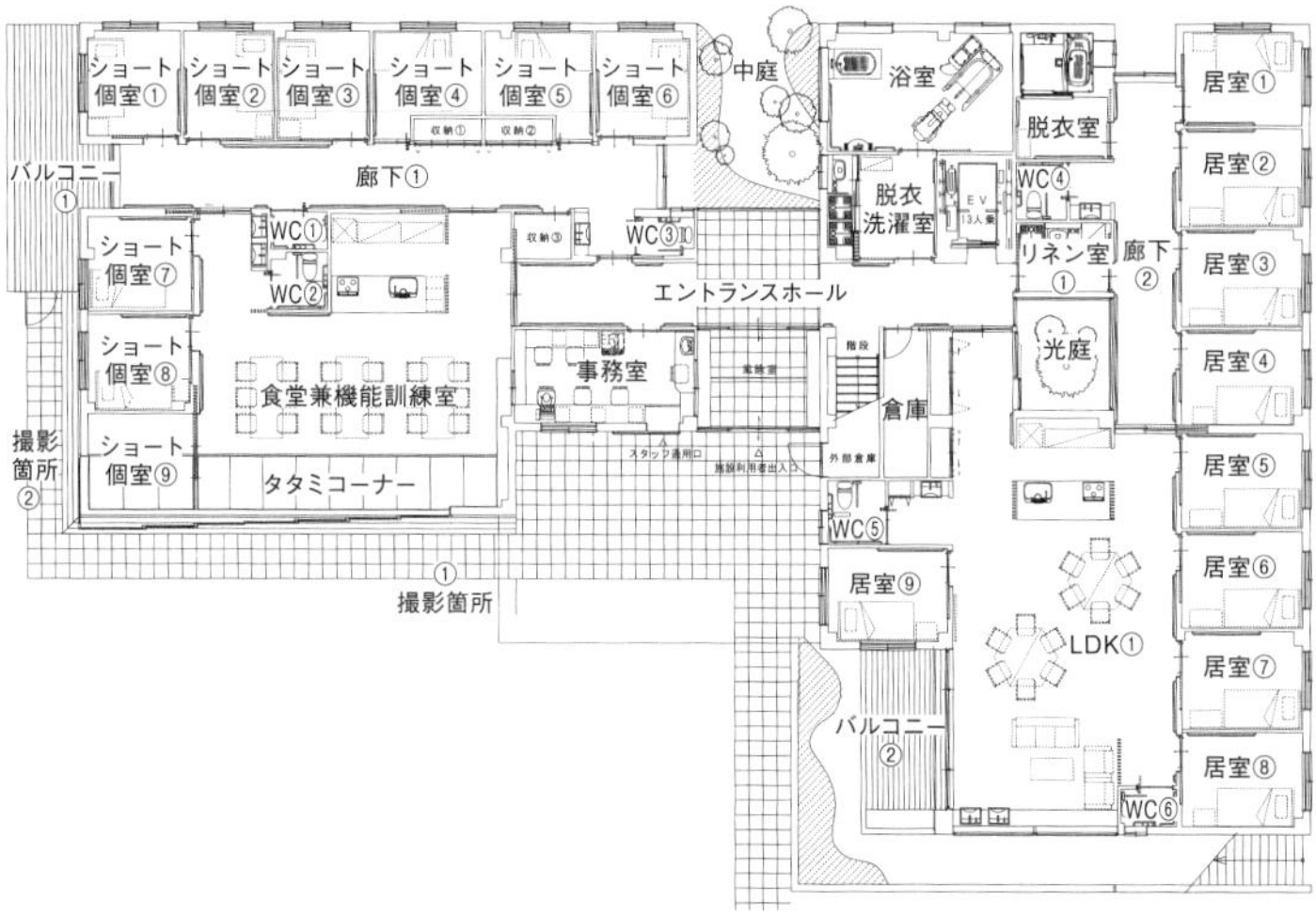

うららびより江南　1階平面図

「白い箱のような外観が印象的なカフェ。カジュアルイタリアンをコンセプトに、自家農園や地元農家から調達する新鮮野菜を生かした料理を提供している。一つひとつに手間をかけたデリ風の料理が並ぶ前菜ブッフェは、ランチだけのお楽しみ。（中略）光が差し込む大きな窓や高い天井など、居心地の良さにこだわった空間も魅力」（『ＫＥＬＬＹ編集部激愛グルメ　保存版』〈ゲイン〉より引用）

地域貢献を意識して子ども食堂の活動にも取り組む

ちなみに、このカフェを地域貢献にも積極的に役立てたいと考え、現在、子ども食堂の活動にも取り組んでいます。

子ども食堂は、一般的には「経済的な事情や親の不在などのために十分な食事をとれない子どもたちを対象にしたもの」とイメージされているかもしれませんが、世代を超えて幅広い人が集まる地域の交流拠点になればという思いもあって、ここでは対象を子どもに限っていません。老若男女が集まるので「ふれあい食堂」のほうが名前としては近いかもしれません。

開催日は毎月最終水曜日の17時から19時半までで、料金は子どもが100円、65歳以上が200円、大人が300円です。地元の人たちなどがボランティアとして参加したり、食材を寄付してくれたりなど、地域の人たちからの協力も得られており、大変にありがたく感じています。常に子どもから老人まで、100人以上の人が集まり大盛況です。

今後は食事を提供するだけでなく、現代の〝寺小屋〟を目指し、子どもたちの学習支援の活動も展開する予定です。

本来であれば行政の方に支援いただきたいのですが、手が回らないのが現実のため、今は自前でこのような活動をしています。

カフェの写真、子ども食堂の写真

おわりに

設計に終わりはない

　ここまで述べてきたように介護ビジネスを成功させるためには、施設の設計に最大限の注意を払うことが必要となります。

　とりわけ、〝我が家〟のような施設を実現することにより、十分な数の利用者を集め、必要なスタッフ数を確保することが期待できるはずです。

　そうした施設設計の取組みをこれから行っていくうえで、ぜひ、強く意識しておいてほしいことは、「設計に終わりはない」ということです。

　つまり、施設が完成し、運営がスタートしたあとも、「設計に何か問題はないだろうか」と検証をし、少しでも改善すべき点があれば確実に改善していく姿勢が求められます。

「完璧な設計図を作成して100点満点の施設ができた」と思っていても見落として

いたところ、不十分なところは必ずあるはずです。そして、そうしたマイナス要素は

利用者やスタッフの不満や要望を通じて表に出てくるに違いありません。

とりわけ、スタッフは現場で実際に介護をするなかで、「ここのスペースがもう少

し広ければよいのに……」「扉が開けにくい」「水はけが悪くて掃除をしづらい」など

と設計上の問題点に気づくことが少なくありません。

そうした現場の気づきや意見を取り入れ、設計を改善していくことによって、ス

タッフの負担とストレスは軽減され、作業効率が大きく向上するはずです。場合に

よっては、それまで二人必要だった作業が一人でも行えるようになるなど、人件費等

のコストの削減につながるような効果を得られるかもしれません。

設計担当社員にも介護を行わせてより良い設計を目指す

実際、私の会社で運営する施設では、スタッフの意見を参考にしながら、完成後に何度も何度も設計の見直しに努めてきました。

例えば、ある施設で「キッチンスペースからトイレまでの間にも手すりがほしい」という要望が寄せられて、すぐに対応したことがあります。「トイレまでの距離は1・5メートル程度だから不要だろう」などと考えて設計側はあえて取り付けなかったのですが、介護を行うなかで現場のスタッフは、手すりの必要性を強く感じるようになったのです。

このように介護施設の設計に関しては、現場体験があって初めて気づくことが多々あります。

そこで、私の会社では、設計担当の社員に、自らが設計した施設で介護研修を行わせています。車椅子を押したり、利用者とともにレクリエーションに参加するなど、介護スタッフと同じように現場の活動に携わる機会を設けています。

このように実際に介護をすることで、施設の使い勝手を確認・検証してもらい、今後の施設設計に活かされることを企図しているのです。

スタッフに他の介護施設を見学させて設計に対する批評的な視点を養う

現場の声を施設設計の改善に取り入れるためには、定期的にヒアリングを実施するなど、スタッフの要望や不満が上にしっかりと届くような仕組みをつくることが必要になります。

また、そうした仕組みづくりの一環として、スタッフに他の事業者が運営している介護施設の見学を積極的に促すことも有効でしょう。

数多くの施設を自分の目で見ることによって、「この施設は○○に問題がある」「うちの施設よりも〇〇の点で優れている」などと設計に対する批評的・客観的な視点が養われることが期待できるでしょう。

ちなみに、私の会社では、スタッフに施設見学を行わせたあとで、気づいたことなどをレポートにまとめさせています。今後の施設設計で参考になるところもあるかと思われますので、一部を抜粋して紹介しましょう。

「施設建物について良し悪しはあるものの勉強になる部分が多々ありました。中でも驚いたのは土足利用とのことです。日本家屋独特の履き替えに慣れている利用者にとって反応がどうなのかは気になるところですが、靴のトラブルや玄関先での事故防止などには有効だと思います。しかしその反面汚れやエスケープの安易性などはデメリットとしてあるかと思います」

「浴室には広い洗い場の中央に手すりなどが設けてあり非常に配慮されていると思いました。盲点ではありましたが福祉施設の浴槽の場合、広いのは自然ですがスタッフの浴室介助も大変かと思います。洗い場や歩行スペースなどそれぞれのスペースを確保して中央に手すりを設けることでつかまっての移動や転倒防止にもなりスタッフの介助も楽になるかと思います」

「脱衣は広く取ってあり、作業しやすいように感じた。カラオケルーム兼静養室も8畳程度取ってあるし、静養室には7台のベッドが置いてあった。昼食後のベッドは取り合いになるくらい人気とのこと。厨房は広すぎだが、リビングルームを見渡せるように配慮してある感覚は家のようで良い感じがした」

「全体的に廊下も広く、ユニットでの生活空間が自由に動けるスペースの確保ができて、自分の居場所を探せる感じがしました。（中略）地域の方が見学に来られる様子を拝見していると、真剣に施設を見ている様子が感じられました。利用される方が何で選択するかを考えさせられるものとなりました」

このように施設見学を重ねることを通じて、スタッフの設計に対する意識は確実に向上していくでしょう。それは結果的に、利用者にとってはより暮らしやすく、スタッフにとってはより働きやすい設計の改善が行われることにつながっていくはずです。

西洋建築と日本建築の本質的な違いを理解して街に溶け込んだ施設設計を行う

〝我が家〟のような介護施設を目指す場合、周囲の景観と違和感のない形で、つまりは街の風景と調和した形で存在することが望ましいといえます。

そのためには西洋と日本それぞれの建築に関する根本的な違いを意識しておくことが有益かもしれません。

まず、西洋の建築物は縦に積み上げる石造りであり、それにあわせて窓の形も細長くなります。そのように、自然に逆らって自己主張しているかのような巨大な建築物が、実際欧米では好まれる傾向がみられます。

一方、日本の伝統的な建築物は、軒の深さで水平ラインを強調すると同時に光と影のコントラストをつくるなど、独特な造形美を生み出しています。自然との関係では、西洋建築と異なり、自然と同化して一体になるのが日本建築の志向するところといえるでしょう。

また、多目的な用途に使える和室や引き戸の使い勝手の良さなども、西洋建築にはみられない日本建築ならではの柔軟な設計思想を具現化したものとみなすことができるかもしれません。

このような日本建築の発想が根本にあって日本の街とその風景は形作られてきました。したがって、介護施設を街に溶け込ませ一体化するためには、やはり和的なデザイン・構造（木造）を軸とした設計を一つの重視すべき選択肢として考えるのが適切といえるかもしれません。

日本の施設設計と「寄り添い見守る」介護は世界にも通用する

なお、日本建築の特質としては〝あいまいさ〟が指摘されることがあります。西洋建築の部屋はドアではっきりとスペースが区切られていますが、日本の和室は襖を開け閉めすることによって空間を広げたり、逆に狭めたりすることができます。

また、縁側は内とも外ともみなせず、内側と外側の境界をあいまいにする場として機能しているともいわれます。

このような日本建築にみられるあいまいさは、「寄り添い見守る」という日本の介護の特徴と共通したところがあるように感じられます。すなわち、西洋のようにイエス、ノーをはっきりと求めるような積極的な人との関わり方とは違い、どこか不明確な、ぼんやりとしたところを残しながらかたわらにいるような人間関係が日本人にとっては居心地が良いのかもしれません。

そして、こうした付かず離れず日本建築のようなあいまいさのある日本の介護のあり方と施設設計は、これから世界でも注目される可能性を秘めていると思います（例えば、私の会社は、日本と同様に高齢化が進む中国で介護のコンサルタント事業も展開していますが、「寄り添い見守る」日本の介護スタイルを講演等の場で紹介すると、非常に大きな反響があり、「日本のやり方をもっと詳しく教えてほしい」と言われます）。

街のような介護施設を目指すことで利用者、スタッフ双方が幸せになれる

私の会社では、前章で言及したカフェだけでなく、ラーメンショップやペットサロン、エステサロンなども運営しています。また、もともとはクリニックや病院を専門的に手がけてきた設計事務所であることから、整骨院以外の医療施設の設計ノウハウにも幅広く通じています。

そこで、いずれは今以上に多様な種類の店舗や医療施設を介護施設に併設していきたいと考えています。

つまりは「ここに来れば介護サービスを受けられるのはもちろん、体にどこか悪いところがあれば診療もしてもらえるし、お腹がすいていればラーメンも食べられる、きれいになりたければエステも試せる」という多様性に満ちた空間づくりを、つまりは〝街づくり〟を行いたいと思っているのです。

また、そこでは、やはり前章で触れた子ども食堂や〝寺小屋〟のような地域貢献、地域の活性化につながる活動をより積極的に展開するつもりです。

ちなみに介護施設が、このように介護に限らず広く社会に役立つ取組みを前向きに行っていくことは、「自分が働いている施設は非常に意義のあることをしている」とスタッフにも肯定的に受け止められ、モチベーションアップ（労働意欲の向上）につながる可能性が高いでしょう。

実際、私の会社で、子ども食堂の活動に参加するボランティアを募ると、進んで手を挙げる人が少なくありません。

また、このように〝街〟と同様の多様性を帯びることによって、介護施設の可能性は大きく広がっていくはずです。

例えば、ペットサロン、エステサロンなど他の店舗で働く従業員などから「利用者のために○○の取組みを行ってみてはどうだろう」などと、介護施設のスタッフでは思いつかなかったような、利用者の日々の生活をより豊かにする斬新なアイデアが提案されたり、示唆されるかもしれません。

それに何よりも、多様性を持った場は活気や刺激に満ちており、そこで生活をする人たちや働く人たちをイキイキとした明るい気分にさせるはずです。

つまりは、〝街〟のような介護施設を実現することができれば、利用者とスタッフ双方がより幸福で満足感に満ちた環境が自然ともたらされるでしょう。

これから介護ビジネスを始める人たちにとって一つの理想のモデルとなるようなそんな介護施設を、これからも設計し続けていきたいと思っています。

私たちの「小さな街づくりプロジェクト」もこれから始動していきます。

●著者プロフィール

長屋 榮一　Eiichi Nagaya

株式会社アートジャパンナガヤ設計代表取締役。

一級建築士。名城大学大学院理工学研究科卒、工学博士。

中国における国際的な介護施設の研究において、名城大学理工学部建築学科 鈴木博志教授に師事し、同大学大学院にて平成30年3月工学博士を授与した。


昭和33年、岐阜県生まれ。東海工業専門学校建築工学科を卒業後、地元の設計事務所勤務を経て昭和61年に独立、長屋栄一建築設計事務所を設立する。平成２年に法人化、平成10年に現社名に改称。これまで医療・福祉の専門設計事務所として数多くの実績を積み重ね、平成15年には特定非営利活動法人うららを設立。自らも、岐阜県、愛知県で、グループホームや小規模多機能ホーム、住宅型有料老人ホーム、サービス付き高齢者住宅など複数の介護施設を運営している。またそれらの経験を活かし、中国で数多くの講演活動をするなかで、都市計画における国家プロジェクトにも参画し、介護施設の設計・経営・運営に対するコンサルティングも行っている。住み慣れた地域で生活できる社会の実現を目指し、『豊かな創造は豊かな環境を作り出す』モットーに日夜奔走中。

本書についての
ご意見・ご感想はコチラ

入居者が集まる　職員がイキイキ働く

介護施設設計

2020年6月11日　第1刷発行

著　者　長屋榮一
発行人　久保田貴幸

発行元　株式会社 幻冬舎メディアコンサルティング
〒151-0051　東京都渋谷区千駄ヶ谷4-9-7
電話　03-5411-6440（編集）

発売元　株式会社 幻冬舎
〒151-0051　東京都渋谷区千駄ヶ谷4-9-7
電話　03-5411-6222（営業）

印刷・製本　瞬報社写真印刷株式会社
装　丁　杉本萌恵
イラスト　松谷勉

検印廃止

Printed in Japan
ISBN 978-4-344-92804-6　C0052
幻冬舎メディアコンサルティングHP
http://www.gentosha-mc.com/